心文库

论小学教学

O начальном обучении

[苏]Л.В.赞科夫　著

俞翔辉　译

教育科学出版社
·北京·

目录

序言

撰写本书的目的，是根据苏联学校面临的新任务，对小学教学的改革提出一些办法，全面地发展个性，培育新人，使其和谐地兼备完美的精神、纯正的道德和健全的体魄，这是激励和鼓舞我们的宏伟远景。

毫无疑问，小学的教学对于完成这些伟大任务起着巨大作用。因为造就新人的基础正是在小学里奠定的，进一步掌握知识和技巧的基础，也是在小学里建立的。学生在以后是否能卓有成效地掌握知识和技巧，其发展的速度与质量究竟怎么样，在许多方面都取决于如何安排小学阶段的教学及教育工作。

本书提出的对小学教学体系的改革，其中心思想是教学要使学生的一般发展得到最理想的效果。按照这种体系进行教学，是基于对"教学与发展"的研究[①]。

这项研究的目的，是要解决教学与学生一般发展之间相互联系的性质的理论问题。这个目的跟建立小学教学的新教学论体系有密切联系。在研究过程中，研究者把通常的传统教学与另一种教学过程的结构做了对比，这种结构的特点是要使学生的一般发展取得最佳成效。

在这个问题的文献里，有着一些涉及教学与发展相互关系

---

① 这项研究由俄罗斯联邦教育科学院教育学理论和教育史研究所所属教育与发展实验室的下列科研人员进行：俄罗斯联邦教育科学院院士赞科夫；高级研究员：布德尼茨卡娅、兹鲍罗夫斯卡娅、兹维列娃、扎娃茨卡娅、托夫平涅茨；初级研究员：奥鲍佐娃、波利亚娅娃、丘特科。 赞科夫领导这项研究。

的重要原理（维果茨基、安纳尼耶夫、鲍戈亚夫连斯基、科斯丘克、列昂节夫、敏钦斯卡娅等）。但是，学生的发展能有最大成效的、用实验方式进行的教学和教育过程，并没有组织过。由于教学的安排而造成的学生发展进程的差异，以及在掌握知识和技巧方面的差异，也都没有研究过。在我们进行的研究中，我们是想尽可能地完成这些重要的科学任务。

本书所阐述的改革小学教学的思想，不仅有理论论证的依据，而且有实际安排小学的教学和教育工作的依据。我们的研究始于1957年9月，是在莫斯科第172学校的一个班的整个小学教学期间（全班学生的构成没有变化）进行的。在这个实验阶段中，教学时间是四年，学完了四年制小学的全部教学大纲，还学了五年级教学大纲中的大部分内容。五年级有些学科的教学大纲全部学完。

从1961—1962学年开始，我们在加里宁市学校的10个一年级班里重复进行实验，自1962—1963学年起，实验又有所扩大。1962—1963学年，加里宁市和图拉市有20个一年级班，加里宁市有10个二年级班进行实验。前一阶段和这一阶段的实验都令人信服地证明，四年制小学的教学大纲可以在三年期间学完，学生的学习不会出现任何负担过重的现象。不但如此，实验教学所用的教学大纲，比现行教学大纲还颇有丰富和加深。

教学的高速度绝不是我们的最终目的，教学的高速度之所以有必要，目的是使学生得到高度的一般发展。此外，节约教学时间本身，当然也有重大意义。我们提出的小学教学的教学论体系是按三年制考虑的。

现在人们提出的建议，是要从四年级开始过渡到每门学科由专职教师讲授，取代由一名教师教一个班的方法，对此应当做些说明。即使过渡到由专职教师讲课，但四年级的教学大纲只是做了某些补充和改善，那基本上还同原先的一样。尽管也可以把这种建议称作"小学教学从四年制向三年制过渡"，实际上并不存在这种过渡，**只是**教学过程的**组织**做了改变。十分明显，这类建议与我们建立的、经过实验检验的小学教学体系毫无共同之处。

我们按照研究过程中所做的那样，在这本书里把新体系跟通常的传统小学教学体系**做了对比**。所谓传统体系，我们指的是具体反映在教师用的教学参考书里、反映在教科书和学生用的教学书籍里的那种体系。

当然，在小学教学的思想基础方面，我们的新体系跟传统的教学法体系没有任何分歧。思想基础是一致的，这就是对年青一代进行共产主义教育。整个学校教育决定的思想方向性的总要求，就是苏联小学的教育内容。但是，对达到既定目的的**途径**则可能有各种不同的认识。在这方面，我们与业已定型的传统教学法的代表者们不同。我们持有不同的观点，并且有事实、有实验的根据来坚持这些观点。

跟现行的教学法体系进行比较，绝不是说它全都不好和全都应当换掉。教学方法和方式是几十年来在教学实践中积累起来的，其中有些是合适的。同时，它们需要改革，需要进一步发展。它们往往被用在不该用的地方。

本书的目的并不是要全面揭示各学科的教学方法。在叙述各学科的一些章节里，我们谈论教学法问题仅仅是为了使我们对小学教学结构的总观点得到具体化。详细揭示各学科的教学法是一项专门的任务，这项任务在业已出版的一些著作[①]中已经部分地有所完成。

实验教学所达到的效果，我们已另有介绍[②]。

---

① 参见赞科夫、库兹涅佐娃：《一年级俄语教学经验》，莫斯科，俄罗斯联邦教育科学院出版社，1961年版；赞科夫、库兹涅佐娃：《一年级算术教学经验总结》，莫斯科，教育书籍出版社，1961年版。

② 参见赞科夫主编：《学生在教学过程中的发展（1—2年级）》，莫斯科，俄罗斯联邦教育科学院出版社，1963年版。

第一章　小学教学的问题

第一节　小学教学的一般性质

小学教学在苏联学校教育体系中是一个特殊领域，人们试图确定小学教学的特点时，往往谈到它的**入门性**。例如，我们在《小学》一书中看到："在普通教育学校的最初四个年级中，要让孩子们为在八年制学校的高年级中进一步学习做好准备。"[1]其他许多著作也一再强调小学教学的入门性[2]。

如果谈的是某个教育阶段或某一级教育与后续阶段的关系的话，那么它们当中的每一个阶段都是准备阶段。例如，五至八年级就是为在九至十年级中学习或是为在专科学校中接受职业教育做准备。所有普通教育学校从总体上来说，就是要为高等教育做必要的准备。但是，这并不妨碍每一级教育有其独立的任务。所以，实际情形是：某一级教育既有只属于该阶段的任务，同时也有与后续阶段衔接所要求的任务。

但是，人们在谈到小学教育的时候，不是这样认识的，而是根据上述的第二方面，在小学教学与后续阶段之间划了一条严格的界限，也就是把小学教学的准备性提到首位。把小学教学从学校教育体系中分离出来作为一个特殊的领域，把它建立在与全部后续的学校教育**不同的**教学法原理的基础上。

正是这种小学教学的观点突出地贯彻在小学教学的结构里，这一结构首先具体反映在教学计划、教学内容与教学方法里。许多事实都可证明这一点，现在我们来谈谈其中的某些事实。

---

① 麦尔尼科夫编：《小学》，莫斯科，教育书籍出版社，1950年版，第28页。

② 参见安纳尼耶夫、索罗基娜编：《儿童的初期教学和教育（一年级）》，莫斯科，俄罗斯联邦教育科学院出版社，1956年版。

在三、四年级学习名词和形容词变格、动词变位①。在五、六年级这些章节要全部重复学习②。虽然并没有直接说，然而语法课程的这种结构只可能被理解为：在小学里学习语法是一种特殊的"准备性学习"，只有从五年级开始才学习真正的语法课程。

我们在算术学习中也可以找到这种情况。在小学阶段，主要是在四年级就提到算术运算的定义、各种运算之间的相互关系的知识③。在五年级的算术课程中仍然列有这些内容④。

在划分**片断性**课程和**系统性**课程方面也可以从某种别的角度看到同样是持这种小学教学的观点。这种划分使小学教学与后续阶段的学校教育对立起来。小学教学被说成是以学习片断性课程为特点，而学习系统性课程是以后各年级的事情。

这种对立有某些根源。习惯势力起着一定作用，例如，过去我们没有八年制教学时确实必要的那种东西以某种形式保持了下来，它在普及八年制教学以后成了初级的、但在技巧和知识方面仍然完整的体系。最严重的因素是这样一种思想，认为小学教学应当在读、写、算、正字法以及其他技巧方面让学生打好基础，认为这些技巧是五年级以后的进一步教育所必需的。如果我们说这种思想主宰着一切，并确实渗透在当前小学教学的全部教学法里，不是言过其实。

例如，我们在俄语教学大纲的说明中看到："学生掌握好俄语方面的知识、技能和技巧，在他们面前就铺平了进一步掌握知识的道路。"⑤

在近几十年来，小学首先而且主要是为**训练技巧**服务的学校。在这里，理论知识微乎其微，即使是这一点点理论知识也几乎完全服从于培养技巧的任

---

① 参见扎科茹尔尼科娃、罗日杰斯特文斯基：《俄语（小学三年级教科书）》，莫斯科，教育书籍出版社，1961年版；扎科茹尔尼科娃、罗日杰斯特文斯基：《俄语（小学四年级教科书）》，莫斯科，教育书籍出版社，1961年版。

② 参见巴尔胡达罗夫、克柳奇科夫：《俄语（五、六年级教科书）》，莫斯科，教育书籍出版社，1962年版。

③ 参见普乔柯、波利亚克：《算术（三年级教科书）》，莫斯科，教育书籍出版社，1962年版；普乔柯、波利亚克：《算术（四年级教科书）》，莫斯科，教育书籍出版社，1962年版。

④ 参见舍夫钦科：《算术（五、六年级）》，莫斯科，教育书籍出版社，1960年版。

⑤ 参见《八年制学校教学大纲（小学）》，莫斯科，教育书籍出版社，1961年版，第3页。

务。我们先不谈这一问题的其他方面，它们将在本书后面的章节中得到详细探讨，现只简略地谈谈其中的一个方面。

小学教学期间以一定范围的牢固技巧为以后的学习建立某种基础这个要求，是基于下述设想：据说可以建立这样一种（即使是有限的）技巧体系，它是完整的，而且以后的教育要建立在它的基础上。此外，学生对这些技巧的领会暂时还是微不足道的，理解语言和数学现象的有关的规律性则要拖延到五年级以后。

建立牢固而完整的技巧体系的提法，只在某些方面是对的，我们指的是读（读得正确和流畅）和写（习字的意思）的技巧。在小学里当然可以而且应该掌握读和写的技巧，不言而喻，这是进一步学习的基础。

像正字法这样的技巧，情况就有所不同，顺便说说，掌握正字法技巧是学生感到特别困难的①。

小学教学期间在正字法方面建立自觉而牢固的技巧体系的规定，应当在何种意义上去理解呢？这是必然会提出来的问题。因为正字法规则，其中包括二、三年级学习的规则（例如，词根中非重读元音的书写规则），是在**领域广泛**的语言材料中起作用的，这种材料对学生来说，有着不同程度的复杂性和难度。现在小学里学生学到的东西，只是在**极有限、极简单的**材料中运用这项规则。显然，学习语法和掌握正字法只是这么一些内容，绝对不是即使只在某种程度上是完整的、能作为下一教育阶段基础的某种东西。这不过是学习语法课程的某种"尝试"而已。当然，这种尝试对以后的学习有一定意义，因为学生知道了某些规则，但这不是解释小学俄语教学任务时所说的那种基础。

计算操作和解应用题的情况也是如此，这里不打算详谈这一点。因为算术教学是本书第五章的专门研究对象。

现在转到谈谈小学的教学计划。

教学计划是具体反映这样或那样的小学教学的观点的最重要的文件之一。

---

① 大家知道，读和写的技巧不是障碍。

麦尔尼科夫编的《小学》（1950年）一书中列举的学时分配表如下（见表1-1）。

表1-1 《小学》一书中的学时分配表

课　　程	年　　级			
	一	二	三	四
	周　学　时　数			
俄　　语	15	14	15	8
算　　术	6	7	6	7
历　　史	—	—	—	3
地　　理	—	—	—	3(2)＊
自　　然	—	—	—	2(3)
图　　画	1	1	1	1
唱　　歌	1	1	1	1
体　　育	1	1	2	2
总　　计	24	24	25	27

注：＊括号内是第二学期的学时数。

上述教学计划的说明中提到，一至三年级用于俄语的学时中必须分出一定时间用于各种参观、实物课和实践活动[①]。

如果规定用于这些活动的时间是每周2学时，那么专用于学习俄语（阅读、语法和正字法、口语）的时间是每周12—13学时。所以，用于学习俄语和算术的时间共为每周19学时，占全部教学时间的79%。应该注意，参观、实物课和实践活动往往并不开展，因为在教学计划中没有为这些活动定出时间，结果，实际用于学习俄语的学时数更多。

上面列举的教学计划当然并不能完全确定小学教学的性质，因为规定的每门学科的学时中，可以充填各种不同的内容。毫无疑问，这样的教学计划毕竟为把小学教学简化为**形成技巧**（口语、阅读、正字法、计算技巧等）创造了有利的前提条件。

---

① 参见麦尔尼科夫编：《小学》，莫斯科，教育书籍出版社，1950年版。

1955 年，中小学教学计划曾有一些变动①。其中包括小学增加一门新课——劳动，这门课在一至四年级每周规定为 1 学时。小学里出现劳动教学具有重大的意义。这在一定程度上使小学教学的片面口语性得到改善。但是，教学计划的总的方向性并未得到质的改变。各学科的学时比例基本上还是照旧，只是用于俄语学习的时间稍有减少，在这个计划里，四学年用于学习俄语的周学时总数，从原来的 52 学时减为 48 学时。

1959 年，根据俄罗斯联邦教育部《关于加强学校与生活的联系和进一步发展苏联国民教育体系》的决定，制订了八年制学校的新教学计划。根据这个教学计划增加了劳动教学的时数。 一至四年级把每周 1 学时改为每周 2 学时，此外，在三、四年级每周有 2 学时用于公益劳动。其他课程的学时分配，除俄语外仍与过去一样，俄语的教学时数略有减少，把一至四年级的周学时总数从 48 学时改为 46 学时。四年级的地理和自然两门课（原定各为每周 2 学时）改为一门统一的课程——自然常识，每周 3 学时。②

我们不打算详尽地分析小学教学计划所经历的种种变更（这不是我们的任务），只想指出以下一点。在最近十年来，教学计划中所反映的小学教学的结构并没有根本改变。此外，有一种明显的趋势，这就是劳动教学和公益劳动的作用得到了加强。为克服小学教学的片面口语性创设着愈来愈有利的条件，这反映了生活提出的要求。

用于学习俄语的学时总数仍然很多。下面将要指出，这种情况是不合理的，它有损于小学教学的多面性。在这里我们认为必须指出的只是一种情况：人们在试图说明把大量学时用于俄语教学的理由时，往往引用乌申斯基的话。确实，乌申斯基认为掌握抽象语言是小学教育的基础。但是不应当忽视，乌申斯基是把这一论点理解为**掌握语言财富**要与提高儿童的思想紧密联系起来。他说："我们在使儿童了解人民的语言时，要使他了解人民的思想、人民的感情、人民的生活，了解人民的精神领域。"③现在，尽管没有

---

① 参见《俄罗斯联邦教育部政策法令汇编（1955 年第 29 号）》。
② 参见《俄罗斯联邦教育部政策法令汇编（1959 年第 26 号）》。
③ 乌申斯基：《论俄语的初期讲授》，载《乌申斯基全集（第五卷）》，莫斯科-列宁格勒，俄罗斯联邦教育科学院出版社，1949 年版，第 345 页。

直接这样说，但俄语教学基本上被归结为训练技巧：阅读技巧、正字法技巧、书法技巧。

不妨举些国外基础学校（或第一级学校）教学计划中各科学时比例的材料。应当强调指出，这不过是参考，不应把参考看作赞成只有这种比例才正确的某种借口。苏联学校和资本主义国家的学校的培养目标，在原则上是不同的，教师的教学和教育观点，以及教学和教育工作的方法也都有质的区别。

在法国的第一级学校里（根据国民教育部制订的教学计划），用于包括阅读在内的国语课的时间，一年级为每周 12.5 学时，二、三年级各为 10.5 学时，四、五年级各为 9 学时。除了法语和算术之外，教学计划中还有下列课程：历史和地理，图画和手工劳作，唱歌和音乐，运动和体育，实物课，教师指导下的观察活动和户外活动。[①]

在纽约州的基础学校里，用于包括书写和正字法在内的国语课的时间占总学时的 30%。除了国语和算术之外，教学计划中还提到下列课程：社会学，自然和卫生，艺术和工艺（图画、话剧、设计、泥工），体育（包括节律性体操、游戏、舞蹈）。[②]

可以看到，在上述两种教学计划中，用于学习国语的时数不那么多。教学计划内容的特点是课程和活动多样化。

上述情况证明，我国现已定型的小学教学体系有许多弱点。从现在苏联学校面临的任务来看，提出改革小学教学的问题具有决定性意义。学校将在培育新人、造就全面发展的个性方面起突出的作用。

如果从这些任务的角度来看传统的小学教学体系，那么根本改革这一体系的迫切性与必要性就十分明显。我们要培养有创造性的人，而现行的小学教学法却把学生训练成片面的执行者。我们希望生活广泛地、不断地闯入学校教学，使孩子们看到全部丰富多彩的生活，但现在的小学只是通过为数不多的几次参观和《国语》教科书里的几篇文章所提供的狭窄的缝隙向孩子们

---

① 参见法文期刊《通用手册》1956 年第 6 期，第 75 页。
② 纽约州教育局小学课程规划处编：《小学课程设置》，1954 年第 94 号。

展现生活。

根本改革小学教学的时机确实已经成熟。但是，改革是一个复杂而多方面的过程。要实现这种改革，必须有一个明确的**教学论核心**。我们提出的教学论核心是：教学过程要使学生的**一般发展取得成效**。

第二节　小学教学的结构和学生的一般发展

小学教学应当主要是发展性的教学，这一点是乌申斯基曾经突出强调过的。在乌申斯基关于小学的教学论原理中，在他的教学法指示和教科书《祖国语言》及《儿童世界》里，都渗透着发展性教学的思想。

关于应该如何理解教学的发展性作用的问题，是跟所谓"形式教育论"有联系的。乌申斯基在《星期天学校》一文里曾谈到他是怎样看待教育的形式目的和实质目的之间的关系的。乌申斯基写道："**第一种目的即形式目的**，在于发展学生的智能，发展他的观察力、记忆力、想象力、幻想和悟性。"[1]为了达到第二种目的即实质目的，"必须合理地挑选用于观察、认识和思考的对象"，即应能促进儿童的智能觉醒的对象。同时教师不应如此迷恋其中的一种目的，以至于忘记另一种目的。

可以看出，乌申斯基不但没有把形式教育和实质教育对立起来，反而肯定了两者之间的内部联系。乌申斯基在评论"形式教育论"时说："像人们以前所理解的那种**悟性的形式的发展**，乃是一种**并不存在的幻影**，悟性只有在实际的知识中才能得到发展……"[2]

关于苏联学校的小学教学问题的一些著作，也指出了在学生的发展上下功夫的必要性。例如，《小学》一书中就写道："但是，初期教学的任务并不局限于传授一定数量的知识。学校应当系统地发展儿童的好奇心，培养他们对读书的兴趣和热爱，发展他们的智能。"[3]

---

① 乌申斯基：《乌申斯基全集（第三卷）》，莫斯科-列宁格勒，俄罗斯联邦教育科学院出版社，1948年版，第500页。

② 乌申斯基：《乌申斯基全集（第八卷）》，莫斯科，俄罗斯联邦教育科学院出版社，1950年版，第661页。

③ 麦尔尼科夫编：《小学》，莫斯科，教育书籍出版社，1950年版，第28页。

《八年制学校教学大纲（小学）》也曾提到，小学教学不仅应当使儿童掌握知识和获得技巧，而且要发展儿童的认识能力。例如，在俄语教学大纲的说明里就有这样一条指示："本族语的教学应当用这样的方法和方式来进行，它们应发展儿童的认识能力，以独立的脑力活动的技巧来武装他们。"①关于算术教学的任务也有同样精神的说法。在为教师编写的教学法参考书中，也有类似的一般性提法。②

可以看出，关于小学教学的发展性的思想，早已产生，而且至今还是经常被人们提起的。但是，非常重要的一点是：不仅要指出关于教学的发展作用的一般原理的存在，而且要弄清楚，这些原理的制定者们是怎样看待要在小学生的发展上下功夫的必要性的。

按照乌申斯基的思想，在学生的发展上下功夫的最重要的途径，就在于应当运用在这方面具有最大可能性的那些教学方法。

乌申斯基认为发展学生的思维具有重大意义，他制定了一套严整的逻辑练习的体系。这一体系的核心是理解词的意义（这些词中的大部分是儿童在以前的经验中获知的），并把这些词归入某一类概念中。例如，在《祖国语言》课本的头两册里就提到学习用品、玩具的名称。儿童根据习题的要求再现有关事物的名称，在完整的课文里的玩具或学习用品的名称下面画线，以及回答什么是书、什么是球等问题。在《祖国语言》课本里，还有下列标题："家具""餐具""衣服""鞋子""内衣""野兽和家畜"，等等。

由此可见，乌申斯基认为，对于学生的智力发展，可以说有两条工作途径。一条途径是在获取知识的过程中"顺便地"（乌申斯基本人的用语）训练学生的智力。另一条途径则主要是以发展本身为目的的；但是就在这时，学生也还要在一定的知识材料上下功夫。这第二条途径首先而且主要是引向逻辑思维的形成。

现行的小学教学法所说的学生在发展任务上的成就，是指掌握技巧和知识时的"副产品"。人们竭力在掌握技巧中找出一些因素，认为这些因素可以算

---

① 《八年制学校教学大纲（小学）》，莫斯科，教育书籍出版社，1961年版，第3页。

② 参见列道祖波夫：《小学俄语教学法》，莫斯科，教育书籍出版社，1955年版；普乔柯：《小学算术讲授法》，莫斯科，教育书籍出版社，1953年版。

是学生在发展上的进展。例如，普乔柯在《小学算术讲授法》一书中写道："算术对于学生的智力发展，……对于逻辑思维的发展有很大的作用，……学生要解答一道多少有点复杂的算术应用题，就应当合乎逻辑地思考。因为解答应用题贯穿在全部算术课上，所以学习算术在很大程度上就**自然而然地**变成逻辑练习；培养学生有联系地、有步骤地思考的技能；养成证明或论证自己的判断正确性的习惯；提高这样一种解答问题的能力：先把一个复杂的问题分解成若干组成部分，然后按各部分做出解答，从而解答出整个问题。"①

值得注意的一个事实是：在学生的发展上下功夫的问题，只是在教学法参考书中说明教学的一般任务的那些章节里才有所触及。

在学生的发展上下功夫的号召，并没有在阐述具体的教学方法和方式时得到具体的体现。

在现行的小学教学法里，关于教学的发展性的原理提得非常笼统，并没有在教学内容和教学方法的相应结构中加以具体化，这种情况绝非偶然。其实，如果认为只要进行教学就能充分必要地使学生在发展上取得预期的成效，情况也就必然如此。因为小学教学法里反映出来的观点本身就是这样的。

我们可以列举教学法参考书作者们的某些有代表性的论述来说明。列道祖波夫在《小学俄语讲授法》一书中写道："……我们还应当以语言手段来对儿童的思维施加教育影响（因为思想是通过语言来实现的），当我们使儿童的语言趋于完善时，毫无疑问，也就自然地发展了他们的思维，使他们的思想得以形成并精确化。"②

在阿达莫维奇的《小学讲读》一书和其他有关小学俄语教学的参考书中，也有类似的提法。例如，阿达莫维奇的书里说："在学习本族语的过程中，儿童在认识周围现实，获得教学大纲规定的关于自然界和社会的知识。与此同时，他的思维和语言也得到发展。"③

---

① 普乔柯：《小学算术讲授法》，莫斯科，教育书籍出版社，1953 年版，第 5 页。
② 列道祖波夫：《小学俄语讲授法》，莫斯科，教育书籍出版社，1955 年版，第 9 页。
③ 阿达莫维奇：《小学讲读》，莫斯科，教育书籍出版社，1954 年版，第 6 页。

从上面引用的这些论述中，可以觉察出有一个固定的主导思想：在语言教学过程中，思维在得到发展。由此可见，人们认为只要完成阅读、语法、正字法的教学任务，也就自然而然地完成了学生发展的任务。

但在实际上，教学生学习语言，绝不意味着在学生的思维发展方面就能自然而然地得到重大的成效。

有关小学俄语教学的教学法参考书没有注意到：词的含义在儿童的意识里是不断变化的。实际上，儿童用的词跟成年人用的词在其所指的是同样的事物这一点上可能是相符合的，但是在词的含义上却可能不相符合。①

如果不注意到这些规律性，不关心使儿童在理解词的含义上一级一级地前进，那么词汇教学就不会在发展思维方面带来预期的效果。

小学教学法参考书中对俄语教学和培养学生思维之间的联系所做的解说，乃是泛泛理解教学对发展的影响的个别现象。现行的小学教学法对于解决这个问题所持的观点正是：只要在对儿童进行教学，那就自然而然地在推动他的发展。

在这种论断中，只有一点是符合实际的，那就是在教学过程中是能够在学生的发展方面取得**某种效果**的。但是要知道，最重要的问题并不在于要取得**某种效果**，而是要使教学在学生的发展上尽可能取得**更大的效果**。

这里必然会出现一个问题，教师竭力使学生在掌握知识和技巧方面取得预期的效果，这样做能不能同时使教学在学生的发展上取得更大的效果？如果从现行的小学教学法所持的那种观点出发，那么对于这里所提出的问题的回答应当是肯定的。然而，事实说明的是另一种情况。我们在莫斯科及外地的学校里所进行的观察和专门研究表明：在小学里达到知识和技巧掌握的良好质量，并没有同时在学生的发展上取得重大的成绩。

让我们举出某些事实。我们在莫斯科的一所学校里，在第一和第二学年期间，对教学和教育工作的过程、对学生掌握知识和技巧的情况与他们的发展，进行了系统的观察。有一位女教师是区里的优秀教师之一，她使学生取

---

① 参见维果茨基：《思维与语言》，载《心理学研究选集》，莫斯科，俄罗斯联邦教育科学院出版社，1956年版，第191页。

得了良好的学业成绩。例如，在二年级，在很难的听写作业中，平均每一名学生所犯的错误数量只有 1.3 处。这一数字说明学生在识字方面有相当高的水平。平常，学生在听写中犯的错误是比较多的，例如，罗日杰斯特文斯基在三年级进行的调查研究表明，平均每一名学生所犯的错误数量达到 2.9 处。①

上述那个二年级班级的学生也能完全顺利地掌握计算技巧。然而同时，这个班的学生在发展方面的进步却是很微小的。例如，在两学年后（从一年级初到二年级末），学生在观察力的发展上的进步是：对所感知的客体进行叙述的平均数②从 7.7 句上升到 10.0 句，即只上升了 30%。至于抽象思维的发展，该班学生在两学年内只有 11% 的学生进入了下一个较高的阶段。③

如果说那种能在掌握技巧和知识方面取得良好成绩的教学法，却有可能在学生的发展上得不到成绩，那么，这就有必要使教学过程具有一种**特殊的方向性**，以便使教学过程**对于发展也能够是有效的**。

应当怎样安排小学教学，才能完成这个**达到学生的高度的一般发展**的任务呢？为了回答这个问题，需要简短地说明一下"一般发展"这个概念。

当谈到一般发展的时候，人们所指的乃是人的发展问题的心理学和教育学方面。"一般发展"的概念并不能取代"全面发展"的概念，对二者不能等量齐观。当谈到全面发展的时候，首先是而且主要是指该问题的社会方面或者广泛的社会和教育学方面。④

我们所理解的一般发展，是指儿童个性的发展，它的所有方面的发展。因此，一般发展也和全面发展一样，是跟单方面的、片面的发展相对立的。从心理学的角度对一般发展所做的分析，是按照心理活动的某些形式的线索进行的。如果注意到把心理活动分为智力、意志和情感的传统划分法，那么

①　参见罗日杰斯特文斯基：《词的语音分析和词法分析是提高三、四年级学生正字法知识水平的手段》，载《小学俄语教学法问题》文集，莫斯科，俄罗斯联邦教育科学院出版社，1959 年版，第 34 页。

②　指平均每一名学生叙述的数量。

③　参见赞科夫主编：《学生在教学过程中的发展（1—2 年级）》，莫斯科，俄罗斯联邦教育科学院出版社，1963 年版。

④　参见科罗列夫：《人的个性的全面发展是共产主义建设的最重要任务》，载《苏维埃教育学》1961 年第 7 期。

一般发展就包括所有这三个方面在内。但是，我们确信，上述的三分法是注定要消亡的，毫无疑问，它将被心理分析的其他学派所取代。因此我们也不使用这种划分法，而认为最好还是探讨我们所研究的分析性观察、抽象思维和实际操作这三种**心理活动的形式**。

当然，观察和思维更多地接近心理分析的第一个方面，即智力活动的方面（在当代的心理学参考书中，通常把智力活动称为"认识过程"），但是，无可置疑的是，在学生完成我们为了研究他们的观察和思维状况而提出的那些作业时，属于意志范围里的因素占有很重要的地位，这些因素通常被称为"意识到行为的目标""使自己的行为服务从于既定的任务""进行意志努力"，等等，至于在制作物质产品的实际操作中，认识过程不可能跟意志动作分开，这是早已十分清楚的。

一般发展还有一个特征是不能不提到的。个性品质也像以一般发展为基础的行为方式一样，是在学习任何教材时、在各种各样的情景中都要表现出来的。在这一点上，一般发展不同于在某一个领域（例如，某种艺术领域、科学领域或科学个别分支的领域）里的发展。

当然，一般发展和特殊发展并不是人的形成的两条彼此隔绝的渠道。相反，一般发展是特殊发展的基础，而特殊发展在适当的指引下又可促进一般发展。不言而喻，在某一领域里的活动，单单在一般发展的基础上是不可能顺利实现的，还必须形成心理活动的某些一定的属性（例如，音乐领域里的音乐听觉、调式感等），必须掌握相当的知识和技巧。

应当强调指出，属于儿童的一般发展的，当然还有"发展"这个概念在其无所不包的意义上所包含的那些东西：由简单到复杂、由低级到高级的运动，沿着上升的路线、由旧的质的状态到新的较高的质的状态的运动，更新的过程，新的东西的诞生，旧的东西的消亡，等等。

我们在进行研究时，当然注意到了学生之间的个别差异，这种差异是在任何一个班里，包括在我们的实验班里普遍存在的。我们不打算深入探讨能力的本质、所谓一般天赋和特殊天赋的相互关系等这一类复杂的问题，这些问题目前在科学上也还没有得到令人满意的解决。我们只指出一点，在苏联心理科学中，对能力的基础及其发展的条件是提出了一定的见解的。作为能力的基础的，是"某些与生俱来的特点、素质"①，即构成人们之间的先天差异的那些解剖生理特点。

素质——这只是能力形成的条件之一。单单素质本身绝不是能力的先决条件。能力只有在活动过程中才能形成和得到发展（捷普洛夫）。这一原理非常重要。我们在安排实验班的教学和教育工作时，就是依据这一原理的。

早在学校教学一开始，学生之间的差异就明显地出现了。在我们的实验班里，有些学生就处于比"中等的"一年级学生低得多的发展水平上。同时，也有几名学生，就其高度的发展水平和相当多的知识储备来说，在班里是比较突出的。

我们从这样的设想出发：以适当的方式安排的教学，将有助于使**全体**学生都在发展上取得重大的进展。同时，我们也意识到，各个学生的发展，无论就其速度来说，还是就其质的特点来说，都不会是相同的。

在实验教学中，我们竭力避免对全班所有的学生"一刀切"，避免使他们的进展平均化。应当把关心全体学生的最优发展，跟发现、培植和适当地利用个人的爱好和能力有机地结合起来。

一般发展跟在某一门学科或者某一组学科（物理-数学学科，自然-地理学科、人文学科）方面的特殊发展是有区别的。一般发展是指这样一些个性属性的形成和质变，这些个性属性是学生顺利掌握任何一门学科的教材的基础，而在学生从学校毕业以后，又是他们在人类活动的任何一种领域里从事创造性劳动的基础。如果能够使一个人在观察力、思维、言语、记忆、意志品质方面取得重大的进步，那么这些就会成为他的不可被剥夺的财富。

但是，如果这样来理解一般发展的话，那么，对小学教学的改革就不能满足于仅仅改善一下（哪怕是最激进的改善）各学科的教学法了。必须有这样一些安排教学过程的原则，使这些原则能够成为所有学科教学的核心。

在制定这些原则时，我们依据的是维果茨基关于教学与智力发展的相互关系的原理。维果茨基认为，教学应当走在发展的前头。教学不仅要建立在

---

①　捷普洛夫：《能力与天赋》，载《国立心理学研究所学术论丛（卷二）》，莫斯科，1941 年版，第 29 页。

已经完成的发展程序之上，而且首先要建立在那些尚未成熟的心理机能之上，并且把这些心理机能的形成推向前进。例如，当儿童身上那些保证书面语能力的心理机能还没有全部成熟的时候，就应当开始教他书写。因为书面语要求儿童在言语活动中要有自觉性和随意性，所以，儿童在学习书面语的时候，就会在自己的智力发展上取得很大的进展。[①]

维果茨基正确地强调指出了教学对于促进儿童的尚未成熟的心理机能趋于形成的作用，但是他忽略了这样一个问题，就是在学生发展方面的成效，可能随着教学过程的安排的不同而表现得**大不相同**。例如，书面语的教学，可能在极不相同的程度上和质量各异地促进学生的智力发展，这就取决于究竟采用的是什么样的书面语教学法。

根据我们对教学与发展的相互关系所进行的研究，有可能提出建立这样一种小学教学体系的教学论原则，这种体系不仅能促进学生的智力发展，而且对于学生的一般发展也能产生**很大的效果**。

考虑到在本书以后的各章里将要结合每一门学科具体地阐述我们的教学论原则，这里就只是简短地谈一谈这些原则。

既然现行的传统的小学教学体系在学生的一般发展方面收效甚微，而新的教学论体系又旨在使教学在这方面取得最大限度的效果，这就很自然地可以看出，这两个体系是截然不同的，而且在某种意义上说还是相互对立的。

传统教学体系的特点，就是错误地把学习过程变得**过分容易**。小学的教学大纲缺乏充实的教养性材料，教学方法不能引发学生创造性的认识活动，教科书里的作业题显得单调而肤浅。

其实，应当遵循一条与此相反的原则：把教学建立在**高难度的水平**上（当然，这样做的时候要严格掌握难度的分寸）。只有这种能为学生紧张的脑力活动不断提供充足的"食粮"的教学，才能使学生得到迅速而积极的发展。

与上述原则有机地联系的另一条原则是：**高速度**地学习教材的原则。这样一来，在每一个学年的学习过程中，就不仅学习了本学年的教材，而且学

---

① 参见维果茨基：《思维与语言》，载《心理学研究选集》，莫斯科，俄罗斯联邦教育科学院出版社，1956年版，第268-269页。

习了现行教学大纲规定的以后几个年级的教材。

快速地掌握知识和技巧，在我们看来绝不是目的本身。我们意识到，如果把在尽量短的时间内传授最大限度数量的知识和技巧作为一项特殊的任务提出来，那么也许在二年级就可以学习第四学年的教材，在四年级就可以学习七、八年级的教材。但是这种人为地加速传授知识和技巧的做法，不可能对学生的一般发展有很大益处。

过分快速地传授知识和技巧，必然导致这样的结果，就是不能把注意力集中在学生的发展上，而是集中在寻找那些能够给教学过程中塞进最大限度数量的知识和技巧的教育手段上。

我们的研究表明，掌握知识和技巧的最合理的速度，是根据它能在何种程度上促进学生在一般发展上的进步而决定的。从这一观点出发，我们就不能同意现行的小学教学法所特有的那种状况。通过多次单调的重复而让学生咀嚼已知的材料，只能导致智力的懒惰，精神的消极状态，从而阻碍学生的发展。

现在这种形式的小学教学，首先是而且主要是以**训练**俄语和算术方面的**技巧**为目的的。理论认识处于很不重要的地位，而且即使有些理论知识，也几乎完全是为形成技巧的任务而服务的。

对小学教学的这种观点是不正确的。它没有科学事实作为依据，而只是依靠习惯势力才得以保留下来。应当大大提高小学教学的**认识方面**即理论知识的比重。当然，我们绝不否认训练学生的正字法技巧、计算技巧及其他技巧的重大意义。但是，必须在完满的一般发展的基础上，在尽可能深刻地理解语言的规律性、数的概念及数的运算概念的基础上，来形成这些技巧。

在传统的小学教学体系中，对于掌握知识和技巧的自觉性的解释是有局限性的，仅仅局限于让学生理解所学教材的内容。然而对自觉性做出新的理解是完全合理的：即不仅要理解教材内容，而且要对**学习过程本身**有越来越高的自觉性。所学的各种知识之间是怎样联系的，掌握正字法或计算操作都有哪些不同的方面，产生错误及克服错误的机制如何，所有这些以及其他许多涉及掌握知识和技巧的过程的问题，都应当经常地作为密切注意的对象。应当找到解决这些问题的一定的途径。

这条原则对于俄语、算术和其他学科的教学都是适用的。它在劳动教学中也可能实现，例如，在制作物品时，主要的作用不在于教师演示必要的操作方法并让学生进行模仿，而是让学生自己做出制作物品的计划，理解必要的工作程序之间的相互关系，能够预先料到完成任务的进程，并在工作过程中进行周密的自我检查。

在传统教学法的条件下，即使现在能够完全实现个别对待的要求，学习最好的学生和学习最差的学生这两种人还是最吃亏的。学习最差的学生在发展上几乎没有进展，在学习上越来越落后，不断地补充着留级生和不及格生的队伍。学习最好的学生的发展受到阻碍。这种状况的基本根源就在于，在学生的一般发展上下功夫没有被作为一项最重要的任务提出来，人们也没有专门从这一任务的角度研究过小学教学法。

必须这样来安排教学，使得**全体**学生包括优等生和差等生都能在发展上达到最满意的进步。完成这一任务，是跟发现、培养和合理发挥每一名学生的个人爱好与能力有机地联系在一起的。这样来安排教学，绝不是意味着我们忽视形成集体和开展班集体活动的意义。相反，对于完成这方面的任务必须给予极大的重视。只有学生中的每个人都能给班级生活带来某种自己的、独特的东西，才能促进集体生活的丰富多彩。这样才能在教学过程中产生真正的集体活动。

从使学生的一般发展取得最大限度效果的角度出发来改革小学教学，当然并不意味着否定以前积累的全部教学方法和方式。当然不是这样！新的东西总是通过这样或那样的形式吸取旧的东西，而同时予以根本的改造。这里所谈的问题是，我们对安排小学教学提出了与传统教学法的观点在本质上有所不同的观点。当然，新的教学体系是提出了许多最新实行的、非同平常的教学论规则、教学方法和方式。人们以前所熟悉的那些规则、方法和方式，现在获得了新的生命，它们现在所占的地位，跟在传统体系里的地位有了原则性的区别。

第二章　教育问题

小学生的教育问题的研究工作很薄弱。关于小学教育工作的一些著作[①]都局限在一年级的范围内，并且几乎都仅仅提到形成正确的操行、纪律。阿德丽阿诺娃的著作也是专讲一年级的，但是这本书跟上面提到的那些著作不同，是从各个方面谈教育工作的。第一章"儿童的共产主义教育的任务和途径"里提到了思想政治教育、道德教育这样一些重要问题。[②]

这些著作以及许多杂志文章[③]，介绍了许多教师的有益经验，揭示了一年级学生掌握操行规则的特点。作者们提了不少宝贵的建议，目的是改善一年级学生的教育工作。

《少先队组织中发展学生的独立性》这本集体著作专门研究了发展和培养小学生的独立性的问题。这本书的优点是：试着把少先队员的独立性放在其形成和发展的过程中去进行研究。少先队员在辅导员的指导和教师的帮助下，在共同进行的活动中积累起来的经验，就成了发展独立性的重要条件[④]。

俄罗斯联邦教育科学院教育学理论和教育史研究所制定了一份《学校教育工作的示范大纲》，其中有专讲小学的一章。大纲指出了一至四年级学生

---

① 参见维索季娜：《小学生的操行教育》，载《小学的教学和教育问题》文集，莫斯科，教育书籍出版社，1960年版；维索季娜：《小学生操行中的独立性的培养》，载《小学教学过程中儿童的教育与发展》文集，莫斯科，俄罗斯联邦教育科学院出版社，1960年版；卡列奇茨：《论一年级学生遵守纪律的教育》，载《俄罗斯联邦教育科学院通报》1957年第94期；沃斯克列先斯卡娅：《一年级的工作》，莫斯科，俄罗斯联邦教育科学院出版社，1951年版；叶西波夫：《七岁儿童的教学和教育工作》，载《一年级教学和教育工作问题》文集，莫斯科，俄罗斯联邦教育科学院出版社，1949年版。

② 参见阿德丽阿诺娃：《一年级的教育工作》，莫斯科，教育书籍出版社，1959年版。

③ 参见戈洛夫科：《培养城乡学生之间的友谊》，载《初等学校》1960年第12期；波塔片科：《小学的无神论教育》，载《初等学校》1960年第8期；科兹洛娃：《培养友爱的学生集体是教师最重要的任务》，载《初等学校》1960年第10期。

④ 参见《少先队组织中发展学生的独立性》，莫斯科，俄罗斯联邦教育科学院出版社，1958年版。

应形成的主要品质，列举了可供参考的学生活动的形式。①这个文件试图把学校生活、少先队工作等各种因素都包括在内，试图对学生在学校、在家里、在公共场所的操行提出各种要求。

该研究所还出版了一本书，解释《学校教育工作的示范大纲》所提出的要求，并提出了一些教学法指示。②

斯瓦特科夫斯基写的《儿童的道德教育》一书中有着一些宝贵的建议。③

普遍公认，阅读课在小学生的教育方面起着重大作用。应当从共产主义教育的任务的观点来研究《国语》课本中所包含的材料。在这些课本里有故事和诗歌，按照编者的想法，阅读这些课文应能促进儿童形成对我们社会主义祖国的热爱，有助于积累关于苏维埃社会、关于革命战斗、关于在伟大的卫国战争中保卫祖国等方面的观念和概念。例如，在二年级《国语》课本中就有这样一些部分：《伟大的十月社会主义革命》《苏联军队》《五一节》；在三年级《国语》课本中有：《我们祖国的过去》《我们社会主义祖国的历史》《五年计划》《伟大的卫国战争》《战后的建设》；在四年级《国语》课本中有：《我们祖国的过去》《苏维埃国家的人们》。

无论是阅读材料的范围，还是它的性质，怎么也不能完满地为完成思想政治教育的任务和形成共产主义新人的伟大目标服务。

造成这种状况有许多原因。看来，主要原因是对苏联儿童的可能性估计不足。跟一、二年级的学生说话，像是跟学龄前儿童说话似的，认为他们不能懂得更多些。

专为教师制定的教学法指示（至少）也是同样不能令人满意。例如，对二年级阅读课本中的《五一节》一课的教学法指示就是这样说的："学生从《五一节》这段故事中要认识清楚，工人在沙俄制度下是如何举行'五一'

---

① 参见《学校教育工作的示范大纲》，莫斯科，俄罗斯联邦教育科学院出版社，1960年版。

② 参见娅科夫列娃编：《一至四年级学生的教育工作》，莫斯科，俄罗斯联邦教育科学院出版社，1961年版。

③ 参见斯瓦特科夫斯基：《儿童的道德教育》，莫斯科，俄罗斯联邦教育科学院出版社，1962年版。

集会去组织劳动人民跟资本家斗争的。这个故事应唤起儿童同情并忠于工人阶级的事业，并仇视残酷迫害工人的资本家。

"在读了故事和唱了歌之后，学生要进行对比，工人过去是怎样庆祝五一节的，而我们现在是怎么庆祝的。教师要让学生回忆，我们每年都是以检阅成果来度过我们的节日，检阅国内每家工厂、每个集体农庄以及学校里的成果。我们的五一节每年都吸引着全世界千百万心地正直的劳动人民。"①

这些指示其实也和上述参考书中的其他指示一样，都没有对真正能为崇高的教育目的服务的工作提出任何方向。这些指示带有口号的性质，这种口号是对成年人提的，不是对小学生说的。从小学生心理学的观点出发去阅读故事和联系故事开展谈话这类做法，连试也没有试一试。

无论是阅读材料本身，还是阅读的教学方法，**都需要根本的改革**。尤其十分重要的是，要很重视学生的**道德感**的形成。单单是认识一个方面（尽管它有很大意义）是不会获得成功的。

＊　　　＊　　　＊

在我们的研究过程中，我们没有专门从事教育问题的研究，因为我们的注意力集中在教学上。因此，我们不可能提出一种小学教育工作的完备体系。

但是，因为教学与教育之间存在着有机联系，所以我们对学生教育工作的安排大体上是有规定的，使它与改革小学教学的总方向相吻合。根据业已积累的经验，我们可以说一说关于小学教育工作的某些看法。

首先应当强调指出，按照传统的小学教学体系的做法，教师在教育工作中（也像在教学工作中一样）是把注意力集中在训练技能技巧上，还集中在形成操行规范的观念上。然而，教育方面的成就不仅仅取决于学生在多大程度上能有效地开展操行规范和规则的训练，还取决于学生的一般发展。在一般发展的整个过程中，形成道德感和信念，培养意志，在教育方面都占有特殊的地位。

---

① 谢佩托娃、卡尔平斯卡娅：《二年级讲读课本〈国语〉的教学法指示》，莫斯科，教育书籍出版社，1958 年版，第52-53 页。

关键是要使教学和教育工作的各种因素在同一个方向上协调地起作用。要知道对于形成道德感来说，下列这些事情都绝不是无关紧要的，例如，学生对认识新事物是否有极大的兴趣，他能充分欣赏美好的事物呢，还是对大自然的美、对艺术的美漠不关心。与此同时，学生所达到的道德发展的水平，对获取知识的进程、对审美的鉴别力也不是没有影响的。

充分研究在教育学和心理学上有理论依据的小学生的教育体系，这是一项迫切的任务。为了有成效地完成这项任务，必须从各方面仔细地研究教育的过程，其中当然要研究：我们指望学生形成的那些个性品质的实际形成过程是怎样的。教师遇事应当怎么处理，必须有科学事实作为依据，从中发现造就一个有道德的人的规律性。

不应忘掉一条重要的真理：尽管某些教育路线和方法或许是合理的，它们本身也能带来某种效果，但是，如果它们构成一个严格的体系，它们的成效就要大得多。应当永远注意，形式主义和陈词滥调跟真正的教育是不相容的。

教育的方法和方式要根据具体情况的特点而具有灵活性并做出相应的改变，这是教育取得成效的最重要的条件之一。

为了达到教育学生的预期效果，让学生了解道德规范，组织学生从事内容丰富的各方面的活动，开展道德操行的实践等，这一切当然是必要的。但是，非常重要的是要使这样一种基础得到保证，有了这种基础，上面指的那些条件就会带来硕果。这种基础的最简要标志，我们认为是：应当养成对人、对劳动、对艺术的真正人道的、共产主义的态度。

马卡连柯的理论阐述和实践也都充分证明，学校的教育跟苏维埃社会的发展是有紧密联系的。关键在于要找到这种联系的某些形式，它们不但不会束缚小学生，而且能适合他的个性的本质的发展。

对待祖国及其人民的日常生活，对待他们的英雄业绩，不抱漠不关心的态度，对这些业绩产生感慨，做出反应，这该多么好呀！但是这里也应当防止一种做法，可惜这在实践中是经常可以遇到的，这种做法就是按照死板公式向孩子们解释并实施"某些措施"。教师往往是竭力想把一切事情弄得顺顺当当，毫无波折。但是因为小学生领会和体验社会生活的事件不像成年人那样，是有其自己的方式的，所以他们不可能做出教师所指望于他们的事情。当成年人提出一些现成的公式时，学生就只好去背诵、复述。有时教师也会进行解释，说某项措施应当如何实施，结果，孩子们就充当了执行者的角色，他们只能领会措施中的某些个别因素。

当然，那种教育工作也能取得一定的成绩。但是，不触动学生的心灵而被背熟的词句，学生仅仅遵照教师的指点所做的事情，都不可能使他的个性获得深刻的发展，而这种发展才是他真正的财富，将是终生得以保持的。

不应当忘记，一个人的个性形成要经历许多阶段。形成的初期阶段，与教师指望的远景目的相距很远。但是如果这些初期阶段是通过独立思考和生动的感受的途径达到的，就会成为达到远景目的的可靠保证。

请看我们实验班日常生活中的一件事。三年级女生娜塔莎在《少先队真理报》上读到了一篇简讯：《扳道员的英勇壮举》。简讯叙述的是扳道员安德列耶夫如何救了一位妇女的命，他把她从火车正在驶来的铁道上推开，而自己却落入火车的轮子底下。娜塔莎在自己主动写的一篇简短的笔记中表达了自己的思想感情：

真正的人

我曾经不止一次地听到过关于真正的人的故事。第一次，当我听到四位英雄的故事时，我很想和他们一起去漂流，希望也能像他们那样克服饥饿和惊恐。我知道有很多真正的人，例如《扳道员的英勇壮举》这篇简讯中所说的扳道员安德列耶夫。

娜塔莎把从报上剪下来的简讯贴在这页笔记上。

从这件事情中可以看到，孩子们没有忽略国家及其人民的日常生活。谁也没有命令娜塔莎去注意这篇简讯，去对它做出一定的反应。娜塔莎大概也不是按教师指望的那样做这件事的，其中最重要的一点是，这个孩子受自己的感情所推动，剪下了简讯并写了笔记。

在学校里广泛流行的那些创作性活动，根据进行情况来看，有着非常不同的指导思想。我们可以拿为纪念革命节日制作图片剪贴的活动来做例子。

这类工作往往安排得很少留有学生独立活动的余地。教师怕学生独立写的简短说明不合规格，怕孩子们写不出需要的标题，收集不到需要的图片。总而言之，教师关心的是结果（图片会剪贴成什么样），而不是工作的过程。

我们是从相反的立场出发，主要教育精力是放在让学生把自己的想法、自己的感情注入图片剪贴的制作当中，结果良好。如果开始的时候剪贴得不好，不像教师指望的那样，这也并不意味着失败。这里也有其自己的阶段，教师应当学会耐心，让学生去经历这些阶段。

让我们摘引一段观察记录①，这是观察我们实验班（三年级）制作庆祝五一节的图片剪贴时的记录。

　　尼　娜：娜杰日达·瓦西利耶夫娜，您说应当定个什么名称，叫《五一》吧。

　　娜塔莎：不好！叫《五一万岁!》

　　热尼亚：五月一日是劳动人民团结的日子。

　　娜塔莎：咱们来表决。

　　大家进行表决。大多数赞成娜塔莎的建议，这个建议就被采纳了。日尼亚找到了一张合适的图（一个小男孩拿着一面旗子），把它剪了下来。

　　日尼亚：这大概就是我。

　　尼　娜：我们已经有了这样一种气氛，好像现在已经是五一了。

　　萨　莎：在这里我来写：《春天的五月快到了!》

　　夏　沙：我来写《你瞧——春天真的来到了》，好吗？

　　瓦洛佳：我们来写：《全世界儿童迎接五一节》。

　　尼　娜：咱们在这里画一枝开花的苹果树枝，把它涂上色。

　　尼娜画起树枝来。夏沙试着涂颜色。

　　伊拉和加利亚同时喊道：啊呀，他全给弄坏了！（的确，夏沙把一

_____

① 全部记录共有 8 页。

22

些花都涂成了红色。）

这时，好些孩子也都在坐着写图片的简短说明。每人写他自己想写的话。

维　拉：（走得离图片远一点，欣赏着）我们搞得多么漂亮呀！

大家建议科利亚回家去（家住得远！），但他不答应，他说他想看到最后搞成什么样子，他要把图片钉在墙上的木条上。

图片全部准备好了。

塔尼亚：最最庄严的时刻！

孩子们手里小心地拿着图片，贴到指定的地方。大家与女教师一起唱起得意扬扬的进行曲。大伙都在贴图片。大伙呼喊："乌拉！乌拉！乌拉！"大家都很高兴。日尼亚和热尼亚互相抱着跳起舞来。科利亚加入他们中间。

大家打扫地板上的纸屑，整理教师的讲台，擦干净课桌，把第二天上午的庆祝会都准备就绪。孩子们在门口站了一会儿，又细细地看了看教室，心满意足地走了。

友谊和同学情谊是儿童集体中最动人的品质。可是，这些品质的具体表现所涉及的面是那么广，会发生那么多棘手的问题，欢乐和不愉快的事又是那样交织在一起！因为生活本身就是这样的！

下面是课间休息时的一次谈话（三年级，学年初）。

维　佳：娜杰日达·瓦西利耶夫娜，我认为小旗子不应当插在表现较好的队员的课桌上，而应当插在表现较好的十月儿童的课桌上。

女教师：对！维佳。我们这就把小旗子插到列娜的课桌上。

娜塔莎：我可以说吗？

女教师：你说吧！

娜塔莎：如果日尼亚表现不好，而我们要对他进行帮助的话，就不应当向您告密和抱怨，而应当自己跟他谈一谈。我们应该自己把帮助他的工作担当起来，如果我们做不好，到那时就告诉您。

女教师：对！娜塔莎说得对。

一次班会（三年级，学年初）。选举班长。讨论候选人娜塔莎。

尼　娜：我觉得娜塔莎很配当班长。她连男孩子都敢管。

维　佳：她有一种很不好的品质，她常常撒谎。

安德柳莎：这是老早的事了！

瓦利亚：她表现严肃。

安德柳莎：她爱笑。

女教师：有时候也可能笑一笑，但总体来说，表现是严肃的。

维　佳：我常到她家里去。她在家里不听话。（娜塔莎总是把脸朝向说她的人。她插了一句："得啦！反正我不听话！"）

接着讨论候选人奥克萨娜。

鲍里亚·尼克：我认为她能成为一名好班长。

女教师：为什么？

鲍里亚·尼克：她本来就是小组长。她曾经使成绩差的孩子好好学习。

女教师：这是一种很好的品质。

鲍里亚·涅奇：是这样，当我写不好的时候，她帮助过我。

维　佳：不过她只帮助自己小组的孩子。

鲍里亚·尼克：（愤懑地）为什么奥克萨娜就应当帮助所有的人？！

女教师：委托给她一个小组，她也就帮助这个小组的孩子。

伊戈里：她要求得太过分！（全体笑。）

亚罗斯拉夫：我和安德列伊最了解她的性格。要是什么都不干，也就什么都不会做得过分了，可她才不是那样呢！（说着笑了起来。奥克萨娜也笑了。）

女教师：瞧你们，说着说着自己都笑了，可见谁也没有抱怨奥克萨娜！

正是这样，一点一点地使孩子们养成一些重要的道德品质。初看起来可能认为，讨论候选人有点杂乱，"不合规矩"。但是这里最可贵的东西是：孩子们说话真挚直率。他们考虑的是自己同学的品质，考虑得很认真。他们并不想简单地尽快摆脱令人生厌的选举班长的程序，可惜这是常有的事。

在全班面前说出同学的缺点，尤其是朋友的缺点，这不是一件轻而易举的事情，把它看作分内的事情，大概更为困难。当然也不会有不愉快的事。可是，直率和诚挚最终是会胜利的，当然也要有条件，即孩子们在集体中要真正通过共同生活的利益紧密团结在一起。

若是教师指导儿童集体时摆脱掉形式主义，那么，联系儿童的学习和校内外的生活，经常可以提出一些道德方面的问题。同时，这些问题不能用老生常谈的办法去解决，而要像考虑生活中形形色色的、有时是很复杂的事情那样去解决。教育儿童具有真正诚实和诚挚的品质，是跟应当具有正确待人、正确与人相处的思想感情紧密联系在一起的。

让我们以阅读奥谢耶娃的故事《有美感的语言》（二年级《国语》课本）来做例子。课本的编者在故事后面提了下列问题：

①帕夫利克在小公园里的表现如何？

②他向老人抱怨什么？

③老人对帕夫利克提了什么建议？

④为什么姐姐、哥哥、奶奶改变了对帕夫利克的态度？

课文的问题把儿童的注意力集中在故事的情节上，没有促使儿童去想故事的内容。不难看出，如果这样做的话，这个故事本身就没有深度，只是促使儿童去遵守讲礼貌的表面要求。

如果不理睬课文后面的那些问题（我们就是这样做的），让儿童有可能想一想读过的东西，那么，他们就会提出一些生活上的重要问题，说出自己的独立见解。

让我们引一段我们实验班里的课堂记录。

读了奥谢耶娃的这篇故事之后，接着进行了一次谈话。

女教师：哪些言语是"有美感的"？

列　娜："谢谢""请"（学生还举出其他一些话）。

女教师：为什么说它们是"有美感的"？

萨　莎：如果一个人常说这些话，说明他是讲礼貌的人。

女教师：这就够了吗？这种人可以称作真正有礼貌的人吗？

米　佳：如果老人走不上台阶，需要帮助，难道可以客气地说一声"您好！"而不去帮助吗？这只是口头上讲礼貌。实际上应当进行帮助！

伊　拉：应当给老年人让座位。

女教师：应当一贯做一个有礼貌的人，不要只是做做样子，做给教师和同学们看，可是在我们班里就有这样的孩子，他们在班里很有礼貌，但在家里说不礼貌的话。

萨　莎：还有这样的人，他们对别人五体投地，这不是有礼貌，这是拍马屁。

安德柳莎：如果有一位老人到房间里来，应当给他端一把椅子吗？

女教师：应该！这很好。

列　娜：应当帮助一切弱者！

女教师：有些行为是做给别人看的。例如，某个人给老年人端了一把椅子，他就注意是否夸奖他。可是也有这样一些行为，人们在做的时候并不考虑自己，而只考虑别人。这才是真正美好的行为。（女教师不指名地说了班上某学生的优美行为，说他是不声不响地做了好事。学生们屏住声息听着。后来，几名学生举手要发言。）

尤　拉：如果一个人不能一贯做一件好事，有时是因为他不可能做，这也不能说他是个不好的人。例如，一位外科大夫在做手术，他不能离开去帮助端椅子。因为他忙着做事，这也是应当指出的。

女教师：课就到此结束。你们回家好好想一想，什么样的人可以称作好人。下次课我还要跟你们谈这件事。

* 　　　　　* 　　　　　*

美育教育应当这样进行：使小学生愈来愈深入地透彻了解艺术作品的内容，弄清楚它们的结构、体裁和表现手法。十分重要的是使学生形成正确的艺术爱好。

现行的小学教学法在某种程度上注意到了这些任务。但是，教学大纲给教师规定的目标几乎仅仅是训练声乐技巧和图画方面的技巧。例如，尽管在图画教学大纲中有"展示插图和名画复制品"这一节，但是教师没有得到要进行这项工作的指示。教学大纲的说明中说："在头几年教学期间，谈话时要侧重于培养学生解释作品的情节内容、确定要点和重点的技能。同时，教师的注意力应当放在提高学生热情地领会艺术作品的能力上。"[①]这里指出的任务，当然是应该完成的，但是不应当局限于这些任务。除此之外，在小学里解释作品内容，可以比教学大纲的作者所要求的**更加深刻**得多。如果像教学大纲的说明中指出的那样，在三、四年级上课期间应展示 3—5 幅画，那么，学生除了肤浅地领会每一幅画的情节外，不会有什么收获。

在这里也可以看到在俄语、算术和其他学科的教学安排中所存在的对小学生的可能性的估计不足。

我们的经验表明，小学生完全能够随着一般发展一级一级地提高，随着对造型艺术作品的认识逐步加深，愈来愈精细地了解作品的内容。学生在三年级就能在这方面取得显著的成绩。我们在下面（见第 43—44 页）引用的作文可以证明这一点，这些作文是学生在第三学年初独立欣赏别洛夫的画《渔夫》之后写的。

在小学阶段，尽管应当把理解和热情地体会画面的内容放在重要的地位，但仍然有可能而且有必要使学生形成一种技能，使他能看清楚艺术家所使用的表现手法。在一至二年级就应当以最简单的形式进行这项工作。我们的经验表明，学生在第三学年初就能在教师提问的指导下，看出所欣赏的画中特有的表现手法的一些重要因素。例如，我们的三年级实验班在第一学期的前半期，在学生叙述别洛夫的画《捕鸟者》的内容之后，进行了一次师生谈话。

女教师：现在我们来看一看，艺术家运用了哪些手法来描绘大自然

---

①　《八年制学校教学大纲（小学）》，莫斯科，教育书籍出版社，1961 年版。

和人。哪些色彩比较浓？

    奥克萨娜： 深色。

    女教师： 更确切一点说呢？

    伊　拉： 深褐色。

    女教师： 整幅画都是这种色调吗？

    列　娜： 这里还有红的和白的斑点。

    女教师： 这里有红的颜色吗？

    维　佳： 没有，这是深褐色。

    女教师： 这是一些含含糊糊的色调。如果这里有鲜红的斑点，它就会显得过分突出。

    塔尼亚： 列娜说有"白色"，如果有洁白的颜色，那就会刺眼。

下面这件事情尤其可以证明，小学阶段在上述方面能够做很多事情。在我们的实验班里（小学教学末期），学生们欣赏了列宾的画《纤夫》。因为这时的孩子们在一般发展上已达到相当高的水平，并在认识造型艺术作品方面有过颇长一段经历，所以他们只需教师稍加帮助指导，大都能说出自己的独立见解。在孩子们对这幅画做了很多议论之后（占了整整一节课），教师朗读了斯塔索夫评列宾这幅画的一篇文章。学生们高兴地说，斯塔索夫多么正确地评论了《纤夫》这幅画啊，他们还愉快地指出，他们自己的许多想法跟斯塔索夫的说法是一致的。

我们并不是要多么详细地探讨美育问题，我们提到某些重要问题，是为了解释我们的基本思想。我们认为，应当把小学生**引入造型艺术和音乐的领域**。

在这方面应该做到，使孩子们尽可能比较多方面地深刻理解和体会艺术作品，使学生对于接触艺术领域产生内心的需要。

根据我们对小学教学所持的总的构想，我们为这项任务添加了独特的意义，这绝不是要降低形成技巧的作用。这两者之间不是矛盾的。相反，如果能真正把学生引入艺术领域，这在很大程度上会促进学生获得相应的技巧，将使技巧形成的过程成为兴致勃勃的、深入理解的过程。

图画和音乐教学本身也应引进更多的**知识**，不要把这些知识拖延到以后的年级里去讲授。为了说明我们的思想，让我们来谈谈音乐教学的某些问题。按照现行的教学大纲，识谱的进度很慢。因此，学生是机械地获得技巧的，他们并没有理解这些技巧。我们的实验班的工作经验①证明，完全有可能按相对快得多的速度进行。例如，在一年级就可学完二年级教学大纲中的大部分内容，如：填谱的基本知识；在音列基础上的全音和半音的表象；听述和听写。在二年级也可学完三年级教学大纲中的大部分内容②。这样做很重要，因为了解填谱知识，进行听述和听写，才有可能**自觉地**掌握声乐技巧。于是，唱歌教学的过程，除了唱歌本身以外，在把学生引入音乐艺术领域方面，也起着重大作用。

图画方面的技能也是同样的情况。如果图画教学能做到立足于**了解**表现空间和色彩的某些规律性，那么，图画教学在理解和热情体会造型艺术作品方面就有现实的意义。

我们上面说的一切，丝毫不是要降低小学生掌握唱歌和图画方面的技巧的作用。问题在于应当如何安排这类工作，使它有利于学生的一般发展，有利于用艺术手段**使学生认识周围世界**。

应当利用包含在图画和唱歌教学中的各种可能性来为学生的一般发展服务。同时应当注意形成一些个性品质，它们直接牵涉到掌握图画和唱歌方面的技巧。我们指的是在唱歌教学过程中培养音乐听觉表象，在图画教学过程中形成一些空间表象和对明暗关系的判别能力。③

至于**体育**，除了教学大纲对这部分教学和教育工作所规定的进度应以较高的速度进行以外，应当使户外的锻炼和活动游戏占有较高的地位。小学教学大纲正确地规定了这一点，但是，在现行的小学教学体系的条件下，实际

---

①　这项工作由格利辛科在别尔克曼（俄罗斯联邦教育科学院艺术教育研究所）指导下进行。

②　参见别尔克曼、格利辛科：《在唱歌教学过程中学生音乐才能的发展》，莫斯科，俄罗斯联邦教育科学院出版社，1961 年版。

③　参见捷普洛夫：《音乐能力的心理学》，莫斯科，俄罗斯联邦教育科学院出版社，1950 年版；基列延科：《绘画基本能力的研究》，载《素描和写生的心理学》文集，莫斯科，俄罗斯联邦教育科学院出版社，1954 年版；加尔基娜：《小学儿童空间表象的发展》，莫斯科，俄罗斯联邦教育科学院出版社，1961 年版。

上不可能有足够多的时间让学生逗留在户外。

我们提出的小学教学体系，做到这一点的可能性就大得多。因为我们建议从一年级开始就进行大量参观，进行现场的实践活动，学生在户外度过的时间就大大增加了。所以，这与学生在教学时间内几乎完全待在室内的现实情况相比，是实现了急剧的变革。此外，我们建议教师在课外时间要尽可能与孩子们一起去散步。散步既是保健的措施之一，同时也能促进教师与孩子们接近，促进学生集体的团结，还能充实一些实际知识。

无论是在上体育课时，还是在课外，都应当更多地重视户外活动中的游戏。

促进身体健康发展的任务，是学校**最重要的**任务之一，也必须利用我们建议的小学教学体系具有的一切可能性。

*　　　　*　　　　*

应当强调指出，我们上面所说的在教育问题上的教育学观点，要在下列条件下才能得到预期的效果，这就是在班级里要建立起师生之间应有的相互关系，对学校及学习要有正确的态度，要保证形成并满足学生的精神需要。

克鲁普斯卡娅关于师生关系的性质的透彻指示，是有重要原则意义和有远见的。《儿童世纪》一书的作者埃尔连·凯断言，至少在 12 岁以前，家庭教育应当代替学校，克鲁普斯卡娅指出这种论断是毫无根据的，然后她说，"劳动学校会帮助家庭，这种学校将给整个学校结构带来变革。自由的劳动学校使教师和孩子们以及孩子们之间接近起来，以亲密无间的关系取代学校中官衙式的关系，使儿童的个性得到自由发展，能唤起儿童的创造力，使儿童摆脱排他性的勉强的抚爱的压抑，摆脱学校中毫无生气的陈规陋习的束缚……不过，这样的学校暂时还是我想望中的学校"[1]。

在安排教育和教学的过程中，应当使教师和孩子们之间以及孩子们彼此之间都建立起真正的友谊关系，并使它不断巩固。

从学校教学的最初阶段起，在工作中必须让认识周围世界的需要、孜孜

---

[1]　克鲁普斯卡娅：《家庭与学校》，载《教育文集（第一卷）》，莫斯科，俄罗斯联邦教育科学院出版社，1959 年版，第 218 页。

不倦地获取更多的知识，由于解决了愈来愈复杂的智力和劳动任务而得到的满足，统统成为学生学习的主要**动机**。对祖国履行义务的动机将与上述那些动机联系紧密地逐步形成。学校中的分数，应当从在现行的小学教学体系条件下实际充当的学习的主要刺激物，变为考核知识和技巧的某种手段。

这并不是凭空幻想，在我们的实验班里已经得到实现。我们确信，以后在未来的学校里，分数将完全失去作用，它们将变为用不着的东西，因为整个学校生活制度都将是新的学习动机的强大源泉。

最重要的事情是要在课堂上展开**生动的认识过程**。当然，无论如何再也不应当把获取知识的过程硬装在声名狼藉的"综合"课模式（检查家庭作业、上新课、巩固等）的框框里。组织严密的讲课结构不应当由外部强加的模式来确定，而应由教材的内在逻辑和儿童思维的前进运动来确定。

当学生想要说一说他们现有的关于周围世界（关于大自然、关于人们及其劳动和生活、关于技术）的知识时，不应当打断学生的话。当孩子们能对全班的活动做出自己的贡献时，会使上课的内容得到丰富，会形成真正是集体在活动的气氛。

认识过程不能局限于单纯听教师讲。当学生自己对理解教材提出这样或那样的问题时，当某些互相抵触的现象引起他们的注意时，才是真正在掌握知识。这时孩子们的脑子里是在产生问题，他们就会去寻找答案，就会与教师一起共同努力去找到答案。

学校不仅应当满足孩子们早已就有的求知要求，而且应当使他们**形成精神需要**。就在学校里，在班级和全校的集体里使这些需要在很大程度上得到满足，是十分重要的。这当然不是要贬低学生参加"少先队员之家"和其他儿童机构开展的活动的意义。参加那类活动是联系生活的途径之一。但是，**在自己校内的**、本校学生集体里的课外活动很重要，它能促使学生之间、学生和教师之间愈来愈接近。应当创造更多的有利条件，使学校变成学生的第二个可亲的家，使他们热爱并且留恋学校。

在我们的实验教学实践中，从一年级开始就组织各种小组：技术小组、图画和泥工小组、刺绣小组、声乐小组。后来还增加了少年博物学家小组、话剧小组、历史学小组。师生常以课外活动的方式进行野外游览，参观历史古迹、博物馆等。

散步的时间，集体步行去戏院、电影院的时间，学生都是在一起度过的。在我们实验班里，还祝贺班上学生的生日，他们在祝贺的时候会做做游戏，谈谈有趣的事。

这样一来，班级的生活就生气勃勃，而且丰富多彩。在这里能达到的教育效果，用枯燥无味的训话和重复令人生厌的老生常谈是达不到的。

第三章　俄语（阅读和发展言语）

第一节　识字教学问题

按照识字教学法的要求，先要有一个所谓"认字前的"或"准备的"阶段。列道祖波夫在其《小学俄语教学法》一书中写道："识字教学开始时必须用 12—15 天时间做孩子们识字前的准备工作。在这个阶段里要做的工作是：第一，发展学生的言语；第二，把言语分解为单词、单词分解为音节、音节分解为语音，把语音拼成音节和单词；第三，写构成字母的各种笔画来训练手。……识字教学的准备阶段在苏联学校中有其特殊的意义，因为在这个阶段里要发展学生的辨音力（在日常语词中听出各种语音的技能），而学生下一步识字教学的成就，取决于他们的辨音力发展到什么程度。"[1]

在其他教学法参考书里，例如，在卡诺纳金、谢尔芭科娃的书[2]里基本上也提到了这些指示。

骤然看来，可能认为这类指示似乎是合理的，认为对准备阶段提出的任务似乎确实是无可非议的。但是，我们不把这些指示信以为真，而要深入考虑一下，这些任务怎么才能完成。

要知道，辨音力的真正发展是顺利学好识字所必需的，这种发展正是在儿童识字的过程中发生的。在识字时，他们经常可遇到应当用来做各种练习（指出一些语音，比较和区别一些语音，在词中认出指定的语音等）的材料。

当然，如果在识字以前用专门编制的练习体系，长时间地做发展辨音力

---

① 列道祖波夫：《小学俄语教学法》，莫斯科，教育书籍出版社，1955 年版，第 38-39 页。

② 参见卡诺纳金、谢尔芭科娃：《小学俄语教学法》，莫斯科，教育书籍出版社，1950 年版。

的工作，这对识字教学不可能没有好处。例如，叶戈罗夫①所说的有利条件就是用这种办法创造的。但是不要忘记，叶戈罗夫领导的研究对下列两种教学的结果做了比较：一种是有短期准备阶段（10—12天）的普通的教学，在准备阶段中用的是未经改进的教学法；另一种是在长达四周的时间内采用特殊的练习体系的教学，这些练习是专为发展辨音力而编制的。

可是，在上述研究中，关于**在学习识字的过程中**发展辨音力（使用一些按照当时的研究可促进实现识字任务的教学方式）的工作，并未得到研究。在我们的实验教学中，倒正是做了这项工作，而且在学生的发展和掌握阅读技巧方面都得到了良好结果。

上面谈到的一些理由说明，在不超过两周的时间内，而且是在脱离阅读教学的情况下，在发展辨音力方面是不可能取得显著进步的。

发展言语这项任务是要在整个小学期间才能完成的，甚至不仅仅在小学阶段，还要在以后的一些年级里才能完成。所以，要完成这一重大而复杂的任务，两周的准备阶段能起什么作用呢？

形成"句子""单词""音节""语音"这些概念，当然是要在识字教学的过程中才能最有效地做到。②这里有最有利的条件来形成这些概念，因为儿童在阅读过程中经常运用单词、句子，做找出音节、语音、字母的练习。与此同时，在识字阶段内掌握这些概念所经历的时间，要比在准备阶段内长得多。

由此可见，在识字教学之前规定一个识字前的阶段是不适当的。这样做要耗费大量教学时间，而几乎不会有什么好处。

应当立即从学习字母开始。开头几天用来了解本班学生在入学时已经掌握了哪些读写技巧，是很重要的。实践证明，儿童在入学之前，除极少数例外，早已在一定程度上识过字了。应当依靠他们已经知道的东西。这样做的意义，不仅仅是为了节省教学时间，也是为了避免迫使儿童学习他们已知的

---

① 参见叶戈罗夫：《掌握阅读技巧的心理学》，莫斯科，俄罗斯联邦教育科学院出版社，1953年版。

② 在叶戈罗夫的《掌握阅读技巧的心理学》一书中也提到，在准备阶段对所有这四个概念下功夫是不合适的。

东西，免得他们扫兴。

在现行的识字教学法中，安排一个识字前的阶段，而且识字的学习速度很慢，这就削弱了或者甚至是打击了儿童来上学时的那股学习兴趣。观察证明，儿童都是急不可待地期盼着他们终于能上学的那一时刻[①]。但是，开头的一些日子就辜负了他们的期望。不教他们识字，重复做他们已经熟悉的事情：给他们讲讲故事，叫他们画画，叫他们给小方块和小圆圈等画上细线或涂涂颜色。所以孩子们自己往往问道："我们到底什么时候开始学习？"

识字的学习速度很慢，用任何教育学观点都不能证明它是正确的。速度慢的根源，在某种程度上是由于教学法的传统，但主要是对现在的苏联儿童的可能性估计不足。我们的经验证明，头半个学期用来学习识字课本就足够了。在最差的班里，有时要用后半学期的开头一段时间进行这项工作。但是，无论如何不必把识字阶段拖长到整整一个学期。

更重要的问题是这个阶段的工作性质。按照现行的教学法的安排，学习某些正字法规则是在第二学期，在识字以后才开始。儿童在一年级得不到任何语法知识。在二年级才提到这样一些语法问题，如："清辅音和浊辅音，重音、区别重读元音和非重读元音的技能。"

从识字阶段里去掉了基本的语法知识，使这个阶段的作用降低了，只局限于掌握阅读技巧。阅读的实践没有被利用来让儿童去了解语言现象，而这些语言现象是他们掌握阅读技巧过程中经常接触到的。

最好不是这样去教学生，我们的经验证明了这一点。在识字阶段中就应当紧密联系识字课本中的词汇材料向儿童讲一些语法的基础知识。这能促进儿童的语言发展，使他们更加自觉地掌握阅读技巧，使他们多知道一些语法知识。

让我们来举出一些事实。儿童在《识字课本》[②]第 15 页就已经学到带大写字母的单词 Маша（小孩名字）。以后在学习这本书的整个期间，他们会大量遇到儿童的名字，还会遇到不少给动物起的名字。但是，人名和动物名

---

① 参见沃洛基季娜：《小学生心理学概论》，莫斯科，俄罗斯联邦教育科学院出版社，1955 年版。

② 参见斯瓦德科夫斯基编：《识字课本》，莫斯科，教育书籍出版社，1962 年版。

字的第一个字母要大写这项书写规则并不会被告诉学生。直到第二学期学习俄语教科书中的某些正字法规则时，儿童才知道这项规则。这是一种人为的反常的事情。此外，这样安排工作阻滞了学生的发展，使他们养成机械地、不加思索地学习的习惯。

我们的做法不是这样。当儿童第一次碰到带大写字母的名字时，就讲相应的规则。以后扩大这项规则的使用范围：不只是名字的第一个字母要大写，还有父名和姓。这项规则还适用于给动物起的名字以及城市、乡村和河流的名称。我们不仅用识字课本中的材料，还用儿童的经验和口头言语中的材料。识字阶段结束时，他们也就学了这项规则，并在一定程度上掌握了这项规则。

另一件事实。《识字课本》第 27 页出现了这样一些单词：нора（洞穴），норы（нора 的复数），оса（黄峰），осы（оса 的复数）。我们对于单词 нора 中的第一个音节与单词 норы 中的第一个音节发音不同这一点，不是避而不谈，而是利用这一情况向学生讲：一个单词的发音与写法往往不一致。这时也就向儿童讲了"重音"这个概念。他们观察到，单词 нора 中的第一个音节不带重音，而单词 норы 中的第一个音节是带重音的。儿童也就知道有一种方法，用它可以知道应当如何正确地书写词根中有非重读元音的单词。

这是非常重要的，因为在识字阶段不讲单词的发音与书写之间的差异，这对于掌握阅读技巧会造成额外的困难。况且以后也是必须对孩子们讲的。

其实，举例来说，当孩子们把单词 ловили 按照它呈现的那样（ловили）来读时，在他的意识里，当时所读的单词与他过去经验中很熟悉的那个单词之间不会产生联系。因为他知道的单词 ловили 是常听到和常说的那个单词（即 лавили）。这为克服音节式读法的过程（从分音节读法的阶段过渡到形成整体读法的阶段——叶戈罗夫的术语）增加了困难。

单个地读出来的几个音节不能组成很熟悉的单词（结果是儿童感到陌生的单词"ловили"，而不是他熟悉的单词"лавили"）。

叶戈罗夫领导的研究①用实际材料充分证明了掌握识字时的理解的作用，即产生相应的联想的作用。至于因所谓"推测着读"或"按猜想读"而造成大量错误的危险，是可以设法避免的。在出现这类错误时，应当立即让儿童分析单词，并向他们指出导致错误的原因。

在教儿童阅读的时候，应当遵循分析和综合的正确的相互关系，而且应当孜孜不倦地关心**每一名**儿童形成技巧。同时应当运用一些合理的方式，这类方式可以在识字教学的参考书以及某些研究著作②中找到。

第二节　发展言语

发展言语的工作应当首先针对口头言语，因为口头言语是人们之间进行交际的主要形式。这就直接决定了这一部分工作的地位和意义。教师不仅应当在明确地提出这一任务的时候，而且要在参观、上实物课、上讲读课，以及上其他的课和开展活动的时候，在发展学生的言语上下功夫。

应当注意到口头言语和书面言语的各自的特点，同时注意到两者的共性。不应当忘记内部言语的存在，也不应当忘记言语和思维、言语和知觉之间的复杂的相互关系。

乌申斯基早就指出过掌握本族语和直观教学之间的有机联系，指出过用关于周围现实的正确表象丰富儿童的智慧的必要性。③ 当代有关小学教学问题的研究都特别重视发展言语的工作与用具体表象丰富儿童思想之间的联系④。我们认为这些意图都是正确的，同时也主张，教师培养学生**观察力**的工作对于他们的一般发展和顺利地掌握语言都具有重大意义。只有在这个条件

---

① 参见叶戈罗夫：《掌握阅读技巧的心理学》，莫斯科，俄罗斯联邦教育科学院出版社，1953年版。

② 参见安纳尼耶夫、索罗基娜编：《儿童的初期教学和教育（一年级）》，莫斯科，俄罗斯联邦教育科学院出版社，1958年版；列道祖波夫：《识字教学》，莫斯科，教育书籍出版社，1955年版；卡诺纳金、谢尔芭科娃：《小学俄语教学法》，莫斯科，教育书籍出版社，1950年版。

③ 参见乌申斯基：《论俄语的初期讲授》，载《乌申斯基全集（第五卷）》，莫斯科-列宁格勒，俄罗斯联邦教育科学院出版社，1949年版。

④ 参见安纳尼耶夫、索罗基娜编：《儿童的初期教学和教育（一年级）》，莫斯科，俄罗斯联邦教育科学院出版社，1958年版。

下，学生才能够形成关于周围事物的内涵丰富的、准确的、可分解的表象。发展观察力这一事情本身就具有极其重要的意义，因为这是学生独立地认识周围现实，把所获得的科学知识运用到实际活动和生活中去的重要条件。

如果学生对于事物不是局限于表面地、潦草地粗看一下，而是善于仔细地分析它，那么这就是丰富他的言语、提高言语的准确性、使言语有充实内容的重要因素。

应当说，俄语教学法对于**思维与言语的相互关系**做了简单化的解释。俄语教学法教科书里写道："我们发展儿童的思维，也就无疑地影响着他们的言语；而我们发展儿童的言语，也就自然而然地促进着他们思维的发展。"[1]这里没有提到思维和言语的相互关系的复杂性。因此，完全可以理解，在阐述教学法的具体问题时，相关内容就缺乏那些应有的使教学取得预期效果的目的方向性、多方面性和教学方法方式的多样性。

例如，在谈到词汇工作时，教学法只指出了下列丰富词汇的源泉和词汇工作的类型：按照事物固有的特征来比较这些事物，给表示事物的词加上表示动作的词或表示特征的词，按照同类的特征把事物分类，给规定的词挑选反义词，等等。[2]但是这里忽略了一点，就是概念的形成是要经过许多个阶段的。如果认为词义是某种凝固不动的、不会发生质变的东西，那么就不可能目标明确地、有步骤地在发展学生的思维方面开展工作。

维果茨基通过实验的途径揭示了儿童概念形成的阶段，他完全正确地把词的实物属性跟词的意义区别开来。维果茨基写道："……儿童的词跟成年人的词在其实物属性上是符合的，也就是说，这些词指的是同样的实物，属于同样的现象范围。但是，这些词在其含义上是不相符合的。"[3]

例如，"树"这个词，无论是一年级学生还是成年人，都是用来指白桦树、槭树、杨树，而不用来指乌鸦、寒鸦、喜鹊（正是这一点决定了成年人

---

[1] 列道祖波夫：《小学俄语教学法》，莫斯科，教育书籍出版社，1955 年版，第 310 页。在俄语教学法的其他参考书里（库齐米娜、克麦诺娃合著的，兹沃琳斯卡娅和其他人合著的），关于思维和言语的发展的相互关系的问题，要么是完全不提，要么是不做实质性的研究。

[2] 参见列道祖波夫：《小学俄语教学法》，莫斯科，教育书籍出版社，1955 年版，第 325 页。

[3] 维果茨基：《思维与语言》，载《心理学研究选集》，莫斯科，俄罗斯联邦教育科学院出版社，1956 年版，第 191 页。

和儿童之间能够相互理解，虽然他们的思维发展水平有很大的差异）。但是，"树"这个词的含义，在一个受过教育的成年人那里，跟在一个一年级学生那里，却有着质的差异。对年龄尚小的学生来说，这个词是某一组以其某些外部特征区别于别的客体的事物的名称。而在成年人的意识里，"树"这个词以概括的形式反映了该类植物所固有的本质属性，包括这些植物的生命、发育的规律在内。

甚至在一年级的教学期间，词的含义也会在儿童的意识里发生重大的变化；当然，这是有条件的，就是教师要考虑到概念形成的规律性，进行恰当的工作。

要在发展学生思维方面取得重大的进展，那就不能简单化地理解言语和思维之间的联系。远不是任何在言语方面的工作都能在学生的发展上带来重大进步。如果不加以特别的关心，使学生在理解词义方面向前迈步发展，使学生在积极的言语活动中使用这些词义，那么词汇工作是不会在思维的发展上收到应有的效果的。你可以认真地采取教学法专家们建议的那些作业类型：给表示事物的词加上表示动作的词（即给名词加上动词）、把某些事物进行比较和分类等，但是这一切并不一定能对学生的发展产生重大的影响，如果词义在学生的意识里是一些凝固不动的因素，或者它们的变化很慢和不显著的话。

思想和词是一个统一体，但不是一个等同物。它们处在复杂的、能动的，而有时还是对立的关系之中。

＊　　　＊　　　＊

为了使发展言语的工作取得应有的效果，很重要的一点就是要认识**口头言语和书面言语的特点**。

还有不可忽视的一点，就是在学校教学中，还有书面言语和口头言语的各种不同的变式。例如，当儿童在口头上或书面上叙述他所见到的、内心感受到的东西时，他所讲述的内容或者词的表达方式是从他自己出发的。可是当学生按照读过的课文回答问题时，情况就完全不同了。在这种情况下，无论是学生回答的内容还是回答的结构，都是被所读过的课文和问题的提法事先决定了的。因此，必须找到发展学生言语的这样一些工作的途径和方法，使之适合于这样或那样的言语变式的特点，适合于在这种或那种情况下所提出的具体的教育学任务。

这一原理特别有效地适用于找出口头言语和书面言语的区别。有一种意见是错误的，即认为发展书面言语的工作方式可以直接地转用到发展口头言语上来。须知教学法参考书所建议的发展言语的工作方法以及这一工作的那些类型和方式都是首先而且主要地用于书面言语方面的，可是就有人认为不妨把这些东西作为发展整个言语（即包括发展口头言语）的教学法推荐给教师①。

扎科茹尔尼科娃公正地指出，把发展言语的工作仅仅归结为发展书面言语的观点是错误。两位作者写道："口头练习的形式也应当追求特殊的目的——发展口头言语，这一点常常没有被学校注意到，所以人们总是把学生的口头作业仅仅看作书写的准备工作。"②

为了有成效地进行发展言语的工作，极其重要的一点是要从这一原理中得出适当的结论，这就是：人所说出的话都是出于一定的诱因的。人们把言语活动的这个方面称为言语的动机作用。维果茨基写道："每说一个句子、每做一次谈话之前，总是先产生言语的动机——即我为什么说话……对某种东西的需要和请求、问和答、发表意见和反驳、不懂和解释，以及许多其他类似的动机和言语之间的关系，都在完全地决定着现实的有声言语的情境。"③

当人们探讨发展学生言语的教育方法时，通常都指出：应当注意让学生形成关于周围现实的具体表象和有关的概念。这一点当然是正确的，因为必须形成这样的状况，就是要让学生**有话可说**。但是仅有这一点还不能保证言语的**动机形成**。

---

① 参见列道祖波夫推荐的《发展学生的口头言语和书面言语的教学法》，载《小学俄语教学法》，莫斯科，教育书籍出版社，1955 年版，第 305~357 页。

② 沃斯克列先斯卡娅、扎科茹尔尼科娃：《讲授小学俄语的实用指南》，莫斯科，教育书籍出版社，1958 年版。

③ 维果茨基：《思维与语言》，载《心理学研究选集》，莫斯科，俄罗斯联邦教育科学院出版社，1956 年版，第 264~265 页。

所谓有了言语动机，就意味着学生不仅有了他可以说出的思想和情感，而且他**很想**交谈，也就是说，他有了把自己的思想和情感说出来的内部诱因。在一定条件下是可以激发学生的言语动机的。

使儿童具有跟鲜明的印象相联系的情绪是重要的条件之一。关于这一条件，有些关于发展言语的教学法参考书已有提及。例如，库齐米娜、克麦诺娃合写的参考书，在谈到《新年枞树》这一课的示范教案时写道："在第二学期，孩子们是在过了寒假以后开始学习的。他们的脑海里充满了关于寒假里的游戏和娱乐的回忆。但是给他们留下最鲜明的印象的，还是新年枞树。我们正应当利用孩子们的这些情绪，让他们以'枞树'为题编一篇口头叙述。"[1]

建议利用儿童的情绪来达到发展言语的目的，这个建议是正确的。但遗憾的是，在上述作者所拟定的这一课的示范教案里，这条建议并没有体现出来。在教案里，学生的自由讲述所占的时间很少：上课时，基本上还是让学生回答教师的问题和学生集体编拟关于学校新年枞树节的叙述。教师提出了下列问题：我们学校的枞树节是在哪里举行的？枞树是什么样子？枞树上挂着哪些玩具？孩子们是怎样玩耍的？[2]

由于提出了这一类问题，教师和儿童的交往就完全转向了另一条道路：本来是让儿童谈他们的印象的，现在却成了训练他们回答问题的技能了。这样，儿童想倾吐所见到的和内心感受到的东西的动机就熄灭了，或者至少是大大削弱了，以至于现在它已经不能激发儿童的自由表达了。

现在是什么动机代替了原来的动机呢？ 这就是：服从教师的权威，服从学校教学情境的要求——当教师提出问题的时候，学生就必须回答。

发展言语的教学法忽略了学生说话的这种不同的动机。像上述那篇课文的示范教案所表明的那样，参考书的作者们认为，有了跟新年枞树节留下的鲜明印象相联系的知识，就可以利用这些知识来做任何一种发展学生言语的作业，由此产生的情绪都能对儿童想表达的愿望产生良好的影响。但是，库

---

① 库齐米娜、克麦诺娃：《发展一年级学生的言语的工作体系》，莫斯科，教育书籍出版社，1954 年版，第 95 页。

② 同上。

齐米娜和克麦诺娃在这里陷入了错误。激发学生说话的那些动机，是会随着教师如何安排作业而发生变化的。

为了使俄语**教学**取得成效并同时促进学生的**一般发展**，对教学法就应当从这两方面的任务出发加以周密思考。

*   *   *

在课堂上通过看图来进行发展言语的工作，是发展言语工作的很重要的因素。

我们从一年级起就开始看图和进行关于图画的谈话。在一年级，大部分图画选自发展言语用的那一套直观教材。这些图画描绘了家畜（《老马和马驹》等）、成年人和儿童的生活场景（《春耕》《未来的海员》等）、一年四季（《春》《夏》等）。这些图画在结构上比较简单，因此适合用于开展发展言语的工作。

但是很重要的是，在指导看图时要激发起儿童的多方面的、积极的智力活动，并且充满爱护地培养它。

儿童应当根据教师的问题，**详细解说**他们在图画上所看到的东西。这里要强调指出的是，这时教师不要允许儿童借图画上所画的东西进行幻想，而要在指导看图时让儿童紧扣图画的真实内容。教育书籍出版社出版的这一套供小学发展言语使用的直观教材，是作为教学辅助材料而构思的，里面考虑到了教育学的任务和儿童的年龄特点。但是这些图画的一个很大的缺点，就是其艺术水平不高。

在正确的教育观点指导下，在课堂上看图——看优秀画家特别是古典艺术家的图画，会带来许多益处。这些图画的内容的丰富和深刻、表现手法的多种多样、色调变化的精细微妙，都是儿童精神成长的，包括其在言语发展方面的进步的源泉之一。

在我们的一年级实验班里，学生们看的第一幅图画是列维坦的《金色的秋天》。在二年级，古典艺术家的作品已经占有相当大的比重。而到三、四年级时，学生的看图作文几乎完全都是在欣赏卓越大师们的作品的基础上进行的。

下面让我们举出几篇三年级实验班学生看了别洛夫的画《渔夫》之后所写的作文①。首先看看两名学习较好的学生的作文。

莲　娜：这幅画描绘的是清晨。晨曦正在冲去黑夜的暮色。可是捕鱼的人已在河岸上做自己的事情了。亮光从树木间穿射过来。河面上盛开着雪白的睡莲。周围是一片寂静。

这是很久以前的事了。渔夫当中的一个，对自己所做的事抱着很冷淡的态度。这从他面部的表情、他的姿势都可以看得很清楚。画家用较大的画面来描绘第二个渔夫。这个渔夫的穿戴像个老人：大帽子、长围巾、天鹅绒上衣。这是一个钓鱼的老手，他见识广，熟悉这一带的情况，了解鱼的习性。他随身带来了各种需用的物品。这个渔夫的头发和胡须都已灰白，手上和脸上有了皱纹。他聚精会神地看着鱼在咬钩。关于这幅画，我的话写完了，我非常喜欢它。我想更多地了解别洛夫。

尼　娜：太阳还没有升起。东方笼罩着浅黄色的雾气。甚至河里的水也有点像玫瑰色。岸上站着一个渔夫。他整个身子都向前倾去，因为他是那样不想让鱼儿逃走。看得出来，他到这儿不是只待个把小时，因为他身边放着一只牛奶壶，包里还装着一些什么用品，还有露宿用的帐篷，放着鱼篓和几根鱼竿。坐在他身旁的另一个渔夫，大概还不甚了解鱼儿的精明，他显得很冷静。

现在再让我们举出班上两名学习较差的学生的作文来看。

热尼亚：两个渔夫来到这儿钓鱼。可是大概他们要走很远的路，所以他们就决定在河边过夜。为了不因为睡觉耽误钓鱼，他们大清早就起来了。太阳正在升起。它的光线刚刚可以看见，而太阳还看不见。突然，浮子动了一下，渔夫急忙俯身向前。他的脸是黝黑的，同时又是慈祥的。

---

① 这些作文是在学年初写的。

我很喜欢这幅画，我还想再看到这位卓越画家的别的图画。

加丽亚： 清晨。太阳刚刚开始升起，甚至还看不见太阳，只看到它的光线。这是一个很冷的早晨。岸上站着一个渔夫。他身边放着各种钓鱼的用具。他在这个宁静的河湾里捕鱼，河里长着睡莲。渔夫凝神不动，他觉得好像鱼在咬钩。他穿着天鹅绒的上衣，脚上穿着黑色的袜子，脖子上围着围巾，头上戴着黑色的帽子。渔夫热爱自己的事情，他很有经验。他来到这里要住上好几天。离他不远坐着另一个渔夫。我觉得他对这件事态度冷淡，很平静地坐着。太阳正以它的亮光穿透灌木丛。

*　　　　*　　　　*

我们认为有必要指出下列情况。上面所有作文都反映了图画的基本内容。学生不仅描述了渔夫的外貌，而且以一定的方式解说了渔夫的精神状态。这是根据对渔夫的姿势、面部表情的深刻理解而写的。学生根据一系列外部特征，做出了渔夫要在这里待几天和他很有经验的这种判断。

学生用来表达自己的思想感情的词语形式也是值得注意的。他们在遣词造句方面的运用自如也表现得相当明显。学生还用精练的、鲜明的、准确的词语描写了图画里表现的自然景色。

应当特别强调指出的是：每一个学生都是按照自己的方式来表达图画的基本内容的。图画在每一个人的心里激起的思想感情，在这里得到了体现。思想和感情的各不相同的细微差别，是跟每个学生使用的词汇和用语不可分离的。

在让学生看列宾的画《纤夫》的课堂上，女教师遵守了这种作业形式的一般规则：她不进行预先的谈话，而是一上来就让学生开始看画。

在上课过程中，女教师也不提出那些可能把学生引向一定的判断的指示和问题。女教师说的话不多，这些话只限于对学生的回答表示赞同或者要求学生回答得更确切些。女教师在提问的时候，注意让学生去揭示所看到的现象的原因，或者在学生的描述不完满的时候让他们继续描述。

由此可见，儿童在看图时所做的观察，也像他们对画面上描绘的东西的分析和解说一样，都是儿童的独立思考的结果。

当然，能够做到这一点，是从一年级就开始进行系统而目标明确的工作的结果。能够做到这一点，自然也是由于在我们的实验班里，从来不实行老一套的做法，如教师把图画的内容嚼得稀烂再喂给学生，编写提纲和其他的许多点缀，这些东西只能扼杀创造性的火花，扼杀学生想看看图画、独立地思考和感受这幅图画的愿望。

为了进行比较，让我们看看，一些俄语教学法参考书所建议的看图作文是怎样进行的。这项工作的典型特征，清楚地表现在让学生按照马科夫斯基的《相会》的复制画来写作文的那一课的教案里。教学法参考书建议：先进行关于革命前儿童生活的谈话（根据契诃夫的短篇小说《万卡》来谈）。教师提出了一系列问题：为什么万卡会来到城里的皮鞋作坊里？是谁送他来学徒的？为什么？万卡心里向往着什么？他在给爷爷的信里写了些什么？

然后让学生看一下《相会》这幅画的复制品并进行谈话。又是教师提出一大堆问题：画上画的是什么人？男孩子在哪里做事，做什么事？谁看他来了？母亲从哪里来？母亲给儿子带来了什么？为什么他那么贪婪地吃着母亲带来的面包圈？看一看男孩子的外貌。他在老板那里生活得怎么样？关于自己的生活男孩子给母亲讲了些什么？为什么母亲感到那么愁苦？男孩子向母亲提出了什么请求？母亲能不能再把他领回乡下去？男孩子是怎样和母亲分手的？

接着建议说，让学生"给这幅画补充一些自己的材料"，让学生想一想，在这个故事画到图画上以前可能发生过什么事以及以后会发生什么事。在教师提了这些问题以后，就让一两个学生按照图画编拟口头叙述的提纲。最后，让全体学生先编提纲，再写出作文来。①

很明显，经过这么一番准备之后，轮到学生独立思考的时候，就什么也没有剩下了。教师全都替他们思考了。词语表达形式方面的情况，也是同样可悲的。一切都被教师在问题里暗示给学生了。教师问道："谁看他来了？"学生只要在代词"谁"的位置换上"母亲"这个词，并且改变一下词序就行

---

① 列道祖波夫：《小学俄语教学法》，莫斯科，教育书籍出版社，1955年版，第351-352页。

了。于是得出这么一个句子："母亲看他来了。"①教师提出问题："看一看男孩子的外貌。他在老板那里生活得怎么样?"学生的脑力活动只限于在"怎么样"这个词的位置换上"很坏"这个词就完了。

通常，甚至是四年级的学生，当他们不得不独立地分析一幅画并按照它写一篇作文的时候，就会显得束手无策，这种情况的出现也就不足为奇了。

上面我们谈论的是，把发展学生口头言语的工作，主要地当成写作文或者写叙述的准备工作来进行，这种做法是不适当的。现在我们还可以说得更彻底一些：上面描述的把发展口头言语的工作当作写作文的准备工作来进行的做法，既不能发展学生的书面言语，也不能发展他们的口头言语。

在我们的实验班里，对于在看美术作品的基础上编写作文的工作，是给予重要地位的。学生们独立地写这些作文。我们不需要进行任何事先的看图讲述或者拟定作文提纲。

第三节　阅读

习惯上称为俄语**讲解阅读**（讲读课）的这一部分教学工作，在小学里占有很重要的地位。对这部分工作给予充分的重视是完全应当的。书籍是知识的基本源泉之一，它有着巨大的教育意义，关于这一点，恐怕是不必再加说明了。这已经是普遍公认的、颠扑不破的真理。还有一点也是不容置疑的，这就是：在妥当安排小学的阅读教学的情况下，阅读对发展学生的思维、情感、言语以及他的整个个性，都能够产生很大的效果。

正如乌申斯基所指出的，语言"是祖国和人民的精神生活的最充分的反映，同时，它对儿童来说，又是他周围的自然界和生活的最好的解说者"②。与此同时，乌申斯基又强调指出，在掌握语言的过程中，形成儿童的独立性的最好不过的手段就是直观性。

强调指出使小学生形成关于周围世界的具体表象的必要性的，还有布纳

---

① 这句话的原文是倒装句，跟问句的词序不同。——译者注
② 乌申斯基：《祖国语言》，载《乌申斯基全集（第二卷）》，莫斯科-列宁格勒，俄罗斯联邦教育科学院出版社，1948 年版，第 563 页。

科夫、瓦赫捷罗夫、考尔夫、季霍米罗夫等。

当代的关于讲解阅读的教学法参考书，指出了直观性对于形成阅读的自觉性的作用，并且举了一些在阅读课上使用直观手段的例子，这都是很好的。但是，关于结合阅读采用直观手段的指示提得太空泛。例如，在谢佩托娃写的教学法参考书里，在一系列有助于使儿童理解生词生语的那些教学方式里，有一种方式就是展示有关的实物或图画。例如，应当展示热带植物的图画，或者（在另一种场合）展示画着丘陵的详图，并叫出丘陵各部分（底部、顶端、斜坡）的名称。①

讲读教学法参考书的作者们（阿达莫维奇、谢佩托娃等人）提出，要防止以解释词汇来取代阅读，这是完全正确的。但是当真正碰到阅读某一篇课文时，实际上又是解释词汇和就课文内容提问题占了首要地位（特别是在一、二年级）。

我们谈到这一点，完全不是为了贬低生词解释的意义或者教师提问题的作用，而是为了不断地在学生的**发展**上下功夫，为了**防止**发展的**片面性**。只有这样，学生才能有一个真正牢固的基础，进而在这个基础上顺利地建立阅读的自觉性。如果这个基础很薄弱，那么教师就不可避免地只好从事词汇解释和提出无数的问题来问学生，而不可能使学生的独立思考享有应有的地位。

当教师积极地、系统地进行工作，来丰富、加深和区分学生关于周围世界的表象的时候，他在阅读课上就有可能依靠学生已经积累的那些具体经验。当教师完全确信，学生已经掌握了课文里所讲的那个事物的形象，已经理解了所讲的那个现象时，那么他就可以不必让学生再回头去直接地感知那个对象，也就可以避免提出大量枯燥无味的问题了。

许多教师已经做出了在教学过程中促进学生发展的很有价值的榜样。我们这里指的是阿德里阿诺娃、克雷洛娃、图玛诺娃、维茨列尔、冈恰鲁克、多勃雷尼娜、切尔内申科和许多其他人的工作。

同时，我们也不能不看到，学生的发展，首先是言语和词语逻辑思维方

---

① 谢佩托娃：《小学讲读课教学法》，莫斯科，教育书籍出版社，1958 年版，第 37 页。

面的发展，是片面地进行的。学生在这个领域里的进展，缺乏一个牢固的基础，即对于自然现象、人们的生活和劳动的足够数量和应有质量的观察。

我们在莫斯科和外地的许多学校里收集的材料表明：小学生关于周围事物的表象的储备是很贫乏的，即便是已有的表象也经常是模糊不清的、不准确的、有严重缺陷的。学生们能够相当流利地讲述关于植物、鸟类和其他客体的事，但是他们对于自己所谈的那些事物和过程却没有任何正确的表象。①

这些都反映了学生对周围事物所建立的表象的性质以及学生观察力的水平，应当引起深深的忧虑。这些事实说明，现行的小学教学法有着严重的缺点。这些缺点特别表现为：在直接感知的过程中认识周围现实的工作，进行得断断续续、表面化，而且它又几乎完全是为阅读服务的。当然，我们完全无意贬低书本、阅读的作用。印刷出来的词，也像一般的词一样，当然是知识的最重要、最强大的源泉之一。但是，只有在词依靠着丰富而多方面的观察的情况下，它才能够实现自己的这种作用。

在小学教学法中长期形成的那种以阅读、谈话、教师的讲述为一方，而以学生直接观察周围世界现象为另一方的两方面的相互关系，是既不能保证学生的和谐发展，又不能保证他们完满地掌握语言的。已经形成的对小学儿童的教学方法，不可避免地会产生"纯言语主义"，也就是说，儿童使用的那些词，在他们的意识里是没有跟完满的、准确的直观表象联系在一起的。

不过，以关于周围世界的多方面的、准确的表象作为阅读的可靠基础，也只是正确地安排俄语教学中阅读这一部分的一个方面。弄清所读课文的内容、理解课文的中心思想，领会其中包含的思想和感情，又占着首要的地位。

不能不看到，在传统的小学教学法里，对于讲清课文内容这一工作的说明是简单化而且带有片面性的。为了举例，可以拿出教学法参考书中对寓言的阅读所提的那些建议来看。

这里提出的基本任务是让学生理解人物的形象。为了有助于这一任务的

---

① 参见赞科夫：《教学中的直观性和学生的积极化》，莫斯科，教育书籍出版社，1960 年版。

完成，让学生"观看关于寓言的有关插图，也可以让儿童以用词语描绘出画面或者用铅笔、颜料画出图画的形式，把寓言创造性地再现出来"①。为了达到这些目的，也可以采用分角色朗读的方法。学生在分析了内容以后再揭示寓言的寓意。②

另一本教学法参考书里写道："寓言的价值首先还不在于寓意和道德，而在于感知其艺术形象……在阅读和分析寓言的时候，注意的中心应当是感知和理解形象。只有在这个基础上，才可以在小学高年级引导儿童去理解寓言的寓意。"③

讲读课本《国语》对寓言所提出的那些问题，甚至连这几本教学法参考书里所谈的这项任务也没有完成。例如，对《蜻蜓和蚂蚁》这篇寓言所提出的问题如下：蜻蜓是怎样度过夏天的？它在冬天来临的时候失去了什么？为什么蜻蜓爬到蚂蚁跟前去？关于自己在夏季的生活它对蚂蚁说了些什么？蚂蚁是怎样回答它的？④

可以看出，这些问题把一切都归结为再现寓言的内容和情节。因为这样的再现是分为几个部分进行的，所以它实质上妨碍了对整个寓言的感知。

把学生的注意力集中在寓言的插图上，也同样起着妨碍的作用，而教学法参考书的作者们却在极力主张使用这些插图。因为我们利用直观性，不应当是为直观而直观，而是为了完成在这样或那样的情况下所提出的教育学任务。在学习寓言的时候，对于利用插图也应当持这样的态度。

如果要严肃地谈论使学生理解寓言的任务，那么马上就会发现，教学法专家们提出的那些建议是站不住脚的。只有学习寓言的主要任务是让学生理解寓言里包含的寓意和道德时（而教学法专家们正是讳言这一点的），这种学习才能促进学生的发展。要知道，根据教学法专家们的指示，在学习寓言时所要集中注意的各种动物的性格特点，在学习童话故事时已经当过学生注意的对象了。让学生在学习寓言时围绕着这个核心来转，那无异于像俗话所

---

① 谢佩托娃：《小学讲读课教学法》，莫斯科，教育书籍出版社，1958 年版，第 164 页。

② 同上。

③ 谢佩托娃、卡尔平斯卡娅：《三年级讲读课本〈国语〉的教学法指示》，莫斯科，教育书籍出版社，1958 年版，第 78-79 页。

④ 参见《国语（小学三年级讲读课本）》，莫斯科，教育书籍出版社，1962 年版，第 46 页。

说的"同样的做法，只是更坏些"而已。

寓言作为一种特殊的文学作品的价值就在于：在寓言里，寓意跟道德是有机联系在一起的。如果儿童在一定程度上意识到和感觉到了普遍真理的这种形象表达的美，那么这一点将真正促进他们的智力活动的发展。

教学法参考书指出了理解寓言有一些特殊的困难，而且好像这些困难对于小学生更加有代表性。

一本教学法参考书中写道："要把寓言中包含的动物的特别是人的典型形象，转用到现实的人们的环境上来，小学生对于这一点会感到非常困难。"[①]

断言小学生理解寓意会"感到非常困难"，这是没有根据的，没有被任何资料加以证实。

按照教学法参考书所建议的那样来学习寓言，是枯燥无味的，学习变成了反复咀嚼同样的东西。为了证实这一判断，让我们举出谢佩托娃和卡尔平斯卡娅合写的教学法参考书里关于寓言教学的一个程式表来看："1. 准备性谈话（其中部分地包括词汇工作和看寓言的插图）；2. 教师朗读；3. 儿童默读，并布置他们划出不完全理解的词和用语；4. 儿童高声朗读，开展词汇工作和谈话，通过谈话解说寓言的内容和人物性格；5. 照教师的指示挑选段落朗读，找出中心思想，在某些情况下，中心思想是以谚语的形式表达的；6. 阅读作者从寓言的内容中引出的结论；7. 分角色朗读；8. 让儿童讲述生活中跟寓言类似的情况；9. 背熟寓言；10. 表演寓言。"[②]

作者解释说，上述所有的教学程式并不是在读每一篇寓言时都要采用。但是即使并不采用上述所有的教学程式，当儿童一步一步地轮到找出中心思想和结论的时候，他们早已失去兴趣，不肯对寓言进行思考了。他们不再进行多种多样的探索，缺乏活生生的情感，所能得到的只是教师提的问题所强加给儿童的那些回答。

我们的经验证明，要让学生找出寓言的中心思想，完全用不着采用上述程式中所列出的那一套"有力的论据"。

---

① 谢佩托娃、卡尔平斯卡娅：《三年级讲读课本〈国语〉的教学法指示》，莫斯科，教育书籍出版社，1958 年版，第 79 页。

② 同上书，第 79-80 页。

在二年级上学期前半期，有一节课是讲克雷洛夫的寓言。女教师通过一段简短的谈话，回顾了儿童已经知道的那些寓言，并且给寓言这种文学作品下了定义，接着就把《蜻蜓和蚂蚁》这篇寓言朗读一遍。朗读之后，不要任何准备性的谈话，女教师直截了当地就问："这篇寓言的主要思想是什么？"

　　　瓦丽亚（她是我们班上学习最差的学生之一）：蚂蚁准备过冬，而蜻蜓一直在唱歌。

　　女教师：为什么寓言里说："你一直在唱歌——是吗？"

　　柯里亚：这就是说，不应该当懒汉。

　　女教师：寓言的道德意义是什么？

　　加里亚：就是不应当做懒汉。

把寓言的道德意义弄清楚以后，儿童就自己去读寓言，然后，简单地分析一下这篇寓言里使用的语汇。

正是在学生理解了寓言的道德意义**以后**，寓言的中心思想和语汇才成了能弄懂的东西，学生才真正能够独立地分析寓言的各个部分，克雷洛夫那些无可比拟的语言表达手段才充满了真正的含义："转瞬之间，冬天已经在眼前了""每张叶子下面都有现成的眠床和早餐的日子，已经消逝了""肚子饿的时候，唱歌会有什么乐趣呢"。

＊　　　　＊　　　　＊

由于从一年级起我们就以相当快的速度和高难度的水平进行俄语教学，所以我们实验班的学生在阅读文学作品方面就比平行班的同年龄学生大大提前。也由于这一点，我们就有了这种可能：比平常的做法大大提前地转到阅读经典作家们的相当有分量的作品上。

早在四年级第一学期前半期，孩子们就全文阅读了屠格涅夫的短篇小说《木木》，并且对它进行了独立分析，教师只给了他们很少的帮助。

通常，四年级学生只阅读这部作品的一个片段。这一短篇小说的全文要到五年级才阅读。对作品的分析是按照五年级的文选《祖国文学》里所附的问题进行的。大部分问题都与主角盖拉新有关，至于其他人物，在文选里只有一个作业："请找出并抄录说明作者对太太、盖拉新、塔季雅娜、卡皮统和加夫利洛的态度的论述。"①

在我们的实验班里，儿童在读了故事以后就立即独立地评论各种人物。毫无疑问，不单是评论主角，也评论其他人物，这样做是非同一般的，因为甚至对五年级的学生也并不要求他们评论其他人物。

让我们来摘引一段上课记录，说明学生是怎么评论加夫利洛的。

女教师： 我们对加夫利洛可说些什么呢？

尤　拉： 他是个滑头。他完全为太太效劳，准备为她去做一切，但他是为自己着想，而不是为她着想，他想的是自己的利益。

托利亚： 他拍她马屁（"您有什么吩咐，太太？"），可是一转身就在她的贮藏室里乱翻一气。

维　拉： 他简直是个小偷。因为他偷一切收藏不严的东西。

鲍里亚： 他是这样一个马屁精，甚至令人可怕。此外，他喜欢传播流言。太太对他说某人的某件事，他就去告诉别人，就去挑拨是非。

科斯佳： 他是个怕死鬼。他召集一大群仆人去抢一只小狗。

萨　沙： 他还非常喜欢干涉别人的生活（议论塔季雅娜和卡皮统的事）。

瓦利亚： 他有点想反驳太太，但忍住了。

列　娜： 他以为他会受到盖拉新的惩罚。

女教师： 总体来说，加夫利洛是个滑头、骗子、马屁精、怕死鬼。对这个人全都评论完了吗？

萨　沙： 加夫利洛是靠偷来的东西吃胖的。

瓦利亚： 房间里有用铁片包角的箱子。

---

① 《祖国文学（八年制学校的五年级用的文选）》，莫斯科，教育书籍出版社，1960 年版，第116 页。

鲍里亚：他怕太太，同时又欺骗太太。木木头一次回来的时候，加夫利洛不告诉太太，他以为她不会知道的。

女教师：到此为止，加夫利洛的形象完整了吗？

托利亚：他喜欢靠别人来邀功。当他们要找盖拉新的时候，加夫利洛派别人去找，而自己躲在一边。

女教师：当我们读这篇故事的时候，我们可以根据什么来评论加夫利洛？

列　娜：根据屠格涅夫对加夫利洛的描写。

柯丽亚：根据加夫利洛的谈话。

女教师：对！根据他怎么说和说什么。

瓦利亚：他说话时最后总加"太太"，例如，"是的，太太"。

女教师：他为什么要这样说？

科利亚：他想装得很文明。

女教师：难道这也叫文明？

维　佳：表示谦恭。

加利亚：因为他是马屁精。

女教师：还可以根据什么来评论加夫利洛？

加利亚：根据他的行为。

伊　拉：可以根据面孔。

科斯佳：鸭嘴鼻子，小眼睛。

列　娜：没有光泽的头发。

女教师：请在课文里找出对加夫利洛的外表的描写。

尼娜正确地找到并读了故事中相应的地方。

女教师：屠格涅夫还在哪里谈到加夫利洛的外表和行为？在跟谁的谈话里？

加利亚：跟卡皮统。

列　娜：跟塔季雅娜。

科利亚读了几段加夫利洛跟塔季雅娜的谈话。

女教师：他在这里表现得怎么样？

列　娜：好像有点善良。太太吩咐卡皮统娶塔季雅娜做妻子。塔季雅娜哭了，加夫利洛希望她本人同意。

伊戈里：加夫利洛毁了她的一生。不过他会装假。

萨　沙：对他来说无所谓……他只想快点了结这件事。

加丽亚：（她引了一段关于盖拉新可能杀害塔季雅娜的课文，感到很愤怒）我还要看一看——他杀了没有！

尤　拉：这里还有，他多么怕死（读有关段落）。

　　从这些摘录中可以看到，儿童对所读作品做了这么多即席评论。这才真正是独立思考的锻炼，快速理解所读课文的技能的锻炼，记住该记的内容的技能的锻炼，对课文中描写的人物及其行为表达个人看法的技能的锻炼。

第四章　俄语（语法和正字法）

第一节　语法

如果认为学生只有从词汇学和修辞学的角度学习俄语才能认识和感觉到俄语的丰富性，那么这是错误的。在学生掌握语法的过程中，就有可能而且应该在这方面做很多事情。若是注意到这一点，就会有大得多的可能性，使语法的学习采取一些必要的形式，以期最大限度地促进学生的发展并在他们掌握知识与技巧方面取得最好的成效。

乌申斯基在下面这段话里表达了正确而深刻的见解，他说："语法首次让儿童去内省，去研究自己的言语，这就发展了他的自我意识。应当用各种问题把学生的思想转用到他自己身上，转用到他的言语上，这样做很不容易，但是完全可以做到。"[①]

后来，维果茨基把学习语法放在他对儿童心理发展的总构想中进行了研究。在维果茨基看来，语法学习的作用，是使儿童原先未曾认识的言语活动变成有了认识的和随意的。由此可见，掌握语法，也像掌握书面语一样，是学生发展的重要因素。[②]

要使学生的发展以及他们掌握知识与技巧都得到最理想的效果，究竟该如何安排语法的学习呢？

我们在这本书里并不打算全面探讨语法的讲授问题。

这里只需指出，在先进教师的经验中，有不少很有价值的语法教学方

---

① 乌申斯基：《〈祖国语言〉的讲授指南》，载《乌申斯基全集（第二卷）》，莫斯科-列宁格勒，俄罗斯联邦教育科学院出版社，1948 年版。

② 参见维果茨基：《思维与语言》，载《心理学研究选集》，莫斯科，俄罗斯联邦教育科学院出版社，1956 年版。

法。某些方法是采取了对各种语法现象进行比较的办法。例如，斯摩棱斯克第 25 学校女教师莉洛娃在三年级的课上就是这样做的。譬如说，在将 деревня 和 дерево 这两个名词变格的时候，她对各格词尾进行了比较。儿童就得出了结论：第一变格法和第二变格法的名词，第六格的词尾是一样的。①列宁格勒一些学校的低年级教师讲述的经验中也曾提到在学习名词变格的时候运用比较法。②

本书的任务是要简略地说明：在俄语教学中如何体现我们的教学论观点。

＊　　　＊　　　＊

每当谈到小学里的语法学习，通常都强调它的入门性和实践的目的性。例如，沃斯克列先斯卡娅和扎科茹尔尼科娃合著的教学法参考书中写道："小学教学大纲中的语法是中学里系统学习语法前的预备性课程。"③

列道祖波夫的著作里说："一、二年级的语法材料是以实践的途径教给儿童的，这些年级中的语言教学的任务，是使儿童学会实际地运用我国语言的简单句、单词、音节和语音等基础知识。"④

小学语法教学的这种结构，不是根据学生的发展及其掌握知识的各种资料决定的，而仅仅是由几十年来形成的传统决定的。因此，完全可以理所当然地提出问题："对待语法教学的这种观点是否正确？根据苏联学校面临的新任务，怎样改革这部分教学？"

如果注意到前面阐述过的改革小学教学的那些原则，那么对以上第一个问题就只能给予否定的回答。同时，对掌握语法知识的某些问题进行观察，也可以发现传统的语法教学是站不住脚的。在许多著作中都提到这样一件事，说小学生看不到单词之间在语法上的共性，因为单词所表示的事物意

①　参见库斯塔列娃：《正字法教学中的语言与思维的发展》，载《初等学校》1958 年第 6 期。
②　参见佩特罗娃：《一、二年级学生学习语法的准备》，载《小学教学过程中的教育与儿童的发展》文集，莫斯科，俄罗斯联邦教育科学院出版社，1960 年版。
③　沃斯克列先斯卡娅、扎科茹尔尼科娃：《讲授小学俄语的实用指南》，莫斯科，教育书籍出版社，1958 年版，第 169 页。
④　列道祖波夫：《小学俄语教学法》，莫斯科，教育书籍出版社，1955 年版，第 184 页。

义是第一位的。例如，单词 сторож 和 сторожка 有同一个词根这一点，学生是意识不到的，因为这两个词表示不同的事物：сторож（守卫者）是指人，而 сторожка（守卫室）是指房子。①

这是不是说，一、二年级学生**在任何条件下**都不能离开单词所表示的事物意义，不能从语法角度看单词呢？不！绝对**不是这样**。发生上述那类事情，乃是因为现行的教学法不去帮助克服小学生的那种特点，反而把这些特**点固定起来**，强化它们。

在头两学年，不向学生讲表述词类的术语，所以，学生一直不知道某种词类所特有的那些形式特征。结果在二年级仍用下述办法区分词类："表示事物的词""表示事物行为的词""表示事物特征的词"。

因此，尽管也引导学生进行综合（把表示事物或表示其行为，或表示其特征的词归为一类），但是不用一定的**语言范畴**来归纳这些单词，语言范畴是有其术语和形式特征的。由此可见，对单词之间的相互关系的认识，没有提高到另一种质的高度。

我们的经验证明，一年级学生就能有理解地掌握许多术语，就能对词类的一些形式特征进行观察。按照这样做，在二年级及以后几年中都应当扩充语法的学习，包括学习一些比较复杂的语言现象。

*　　　　*　　　　*

学生早在识字期间就在观察单词的变化形式，就在比较同一个名词的不同形式（рама—рамы—раму；Лара—Лару；нора—нору，норы；малина—малину；等等）。教师暂时还不用"词尾"这一术语，而是让儿童注意上述各组单词的最后一个字母是不同的。这是由于用途不同〔рама（框架）——Маша мыла раму（玛莎洗了一个框架）。нора（洞）——Лиса рыла нору（狐狸挖了一个洞）〕。在一年级第二学期，儿童由于知道了名词有变化（根据提问：Кто？Что？Кого？Чего？ 等），就在观察词尾的差异。

---

① 鲍诺维奇：《运用词根中非重读元音规则的心理分析》，载《苏维埃教育学》1937 年第 5~6 期；鲍戈亚夫连斯基：《谈谈掌握非重读元音正字法的心理学》，载《俄罗斯联邦教育科学院通报》1947 年第 12 期。

在二年级一开始，由于学习词的构成（词义部分），就把"词尾"这一术语告诉学生。

在这里又遇到了**直线式**和**圆周式**编排教材的问题。

直线式编排的教材，从整个小学教学阶段来说，并不排斥借助它可以循序渐进地深入学习教学大纲规定的某些专题或问题。

我们已经看到这适用于名词的词尾，包括由于学习词的构成而将术语"词尾"告诉学生的这个阶段在内。但是，掌握"词尾"这个概念和了解词尾变化的规律并非到此结束。

学生在二年级还接着学习名词的第一、第二和第三变格法，即熟悉相应的三种变格表，把它们作为示格词尾的三种固定体系来掌握。

在某部分语法知识掌握到应有的深度时，就不再学习这部分内容。[1]例如，在二年级就结束名词的学习，三年级初是学习形容词。在三年级后期，这些词类不再列为教学大纲的材料，那时学习的是代词和动词。

一个很重要的问题是：学生在小学里掌握的知识要有**科学根据**。当然，对某门科学的材料做一定的整理，使其符合教学论的要求和学生当时的发展水平，这是必要的。但是，这种整理不应当与科学的逻辑产生矛盾。否则，教给学生的知识就失去了跟科学的联系。这样一来，用科学原理武装学生的任务就会落空，同时，还会阻滞学生的智力发展，因为不符合科学逻辑的材料，不可能被有理解地掌握。让我们来举出一些事实。

按照教学大纲的规定，在二年级要向学生讲"同族词"这一概念。教科书里的这一节是这样安排的：在编成故事的一些句子里［"При школе есть сад."（学校附近有座花园。）"Мы бережём свой садик."（我们爱护自己的小花园。）］，单词 сад，садик 等是用黑体字标出的。作业是要学生把这些单词按竖式排列抄下来。然后学生还要抄写这篇故事，在标出的单词下面画一道线。在以后的练习里要求学生做的也是这类作业。

然后告诉学生说："сад（花园），садик（小花园），садовые（дорожки）

---

[1] 我们在这里所说的学生在小学阶段不再学习已经学过的内容，指的是：学生不再得到补充知识。但这并不是说，这部分问题完全不再提到。在学习其他部分时，自然必定要紧密联系新知识而再现以前学过的知识。

［花园里的（一些小路）］，садовник（花匠）——这些单词是同族词。它们意义相近。"这句话还重复用于下列单词：лес（森林），лесная（тропинка）［林间的（小路）］，лесок（小树林），лесник（护林员）。以后的六个练习也是要学生在故事中或许多单词中找出同族词，划出同族词，按竖式排列抄下来。①

教科书里给的定义和各项练习都不能使学生领会单词之间的一些关系，这些关系是学生本应有所了解的。

因为"意义相近"这一定义使儿童的注意力又集中到基于单词事物意义的那些联系上。然而非常重要的一点是：在儿童的意识里加强另一种观点——语法观点。

教科书的作者甚至害怕在二年级使用"词根"这一概念，看来是怕小学生不能掌握这个概念。为了竭力简化语法教学，教科书的作者所给的定义，经不起语言科学角度的推敲。这种办法没有使掌握材料变得容易些，反而带来了额外的困难，因为在儿童的意识里形成一些不正确的概念，就会造成紊乱，这对于以后掌握语法知识是会产生严重阻碍的。

在科斯京编的二年级教科书中（第 61 页），把 тропы，тропа，тропинка 这三个单词作为"同族词"的例子。这是错误的。不应把这三个单词列在一起，因为 тропы 和 тропа 是同一个单词的不同形式，而 тропа 和 тропинка才是两个不同的单词。为什么要把错误的知识灌输到儿童的意识中去呢？

在上课的时候应当让学生广泛地再现他们早已知道的、跟某个单词有同一词根的那些单词。经验证明，学生能够"收集到"许多这样的单词。

让学生自己再现同根词群的做法，在小学俄语教科书中占的位置很小。在二年级教科书里根本没有这类作业。在三年级教科书里关于"词根，同根词"部分的练习共有 25 个以上。在这么多的练习当中，只有 5 个练习里有找同根词的作业——要求给故事中用黑体字标出的那些词找同根词。其他练习中的作业仍如二年级时那样，全都是从某段课文中摘出或标出同根词，在

---

① 科斯京：《小学俄语教科书（二年级）》，莫斯科，教育书籍出版社，1962 年版，第 41-42 页。

"同族词"中的词根下面画一道线。①

用这种办法学习语法，不但不能促进学生认识俄语的丰富性并且掌握它们，反而使学生养成机械地做练习的习惯。学生拥有的词汇储备可以说是没有"进入周转"，成了无益的东西，只会迫使学生在教科书提供的有限词汇材料的"小圈子里"原地踏步。

向学生讲解词根和同根词，有可能把语法范畴跟儿童的语言实践紧密联系起来。应该利用这种可能性。不仅是上述这部分语法，其他语法问题也可以这样做。应当使学生在用语法范畴理解其词汇储备方面愈来愈有进步，从而使他的语言发展达到比较高的水平。

按照现行的教学大纲和教科书通常所做的那样，在三年级以前迟迟不向学生讲解前缀和后缀，这是毫无道理的。我们的经验证明，早在二年级一开始就可以而且应该学习词的构成，这也就是说，不要局限于把同根词进行归类，而是要找出词根、前缀、后缀和词尾。

尽可能比较早地开始学习词的构成，不仅在学生的发展上下功夫方面，而且在掌握语法知识和正字法技巧方面，都是一种富有成效的手段。②

俄语正字法的词法性质在语言学和教学法中都得到了广泛的承认③。

格沃兹杰夫的书里说："词法原则决定着绝大部分元音和辅音的书写。"因此，首先必须用一切办法提高学生对单词进行词法分析的技能，提高划分词根、前缀、后缀和词尾的技能。④

单词的词法分析不应当只是偶尔进行，而应当在有分析需要的时候经常进行，同时，应当从各种不同的角度进行。

让我们摘引一段这方面的上课记录。

---

① 扎科茹尔尼科娃、罗日杰斯特文斯基：《俄语（小学三年级教科书）》，莫斯科，教育书籍出版社，1962 年版。

② 在词的构成上下功夫对于掌握语法和正字法所起的作用，在诺维科娃编的参考书《俄语》（圣彼得堡，1909 年）中早就指出过。

③ 奥勃诺尔斯基：《现代俄语正字法问题》，载《苏维埃教育学》1944 年第 11-12 期；阿巴库莫夫：《现代标准俄语》，莫斯科，1942 年版；格沃兹杰夫：《俄语正字法原理》，莫斯科，教育书籍出版社，1954 年版；乌沙科夫：《正字法教学法》，莫斯科，教育书籍出版社，1960 年版。

④ 格沃兹杰夫：《俄语正字法原理》，莫斯科，教育书籍出版社，1954 年版，第 111 页。

女教师：咱们来看 спрятали 这个单词（在黑板上还写有 читали，писали，работали 这些单词）。请把这个单词变化一下，使这个动词成为单数阳性形式。

尼　娜：спрятал.

女教师：变为阴性呢？

萨　沙：спрятала.

女教师：这是什么时态的动词？

米　莎：过去时。

女教师：动词过去时的特征是"л"（在黑板上写着的 читали，писали，работали 这些动词的后缀 -л- 下面画一道线）。

在之后的一次课上，女教师让学生听写几个句子，其中每个句子都有过去时动词（вылепили，встретили，играли）。

女教师：请想一想，在这些动词中有什么共同的东西吗？

鲍里亚：没有，这些肯定不是同根词；这些单词的意义并不相近。可是，这里终究是有某种共同的东西的！

奥克萨娜：这些都是过去时动词。辅音字母"л"指明这一点。

女教师：它们都是……？

奥克萨娜：它们都是复数。元音字母"и"指明这一点。

然后其他学生找出这些动词以及其他过去时动词中的后缀和词尾。

我们再举一个实例，说明学生如何进行单词的词法分析。下面是课堂记录的一段摘录。

女教师：现在咱们来分析 домик 这个单词的构成。加利亚，把这个单词写到黑板上。列莎，你来分析这个单词。

列　莎：дом 是词根，ик 是后缀。

女教师：这里有词尾吗？

列　莎：这里没有词尾。

女教师：词尾是什么？

奥克萨娜：词尾是词的变化部分。要确定词尾，必须把单词进行变化。

女教师：萨沙，你来分析 отжили 这个单词的构成。

萨　沙：от 是前缀，жи 是词根，л 是后缀，и 是词尾。

这节俄语课是在莫斯科第 172 学校里我们的实验班中进行的。

＊　　　　＊　　　　＊

现在我们简略地谈谈**学习词类**的问题。在二年级教科书①中完全没有提到词类。不提词类而用了这样一些术语："表示事物的词""表示事物行为的词""表示事物特征的词"。区分这几类单词是靠提问［Кто это？（这是谁？）Что это？（这是什么？）Что делает？（做什么？）Какой？Какая？Какое？Какие？（什么样的？）］。

教科书在三年级给出了动词的一般概念，但是没有现在时、过去时和将来时的区分。②

为什么要这样"遮遮掩掩"？有什么理由要向学生隐瞒表示一定语法范畴的术语？这是没有正当理由的。

此外，没有术语**就难以区分**这些语法范畴，并**会阻滞**学生向较高的抽象思维水平过渡。

我们的经验证明，早在一年级就完全可以向学生讲"名词"和其他术语。③术语的知识不仅可使语法便于掌握，而且是深入掌握语法范畴的形式特征所必需的先决条件。

顺便说说，按照现行的教学大纲规定，前缀要到三年级才讲，也就是在儿童获得有关前置词及其永远分开写的知识之后相隔一年才讲，这不能认为

---

① 参见科斯京：《小学俄语教科书（二年级）》，莫斯科，教育书籍出版社，1962 年版。

② 参见扎科茹尔尼科娃、罗日杰斯特文斯基：《俄语（小学三年级教科书）》，莫斯科，教育书籍出版社，1962 年版。

③ 佩特罗娃指出，二年级学生能够接受词类的名称。可参见佩特罗娃：《一、二年级学生学习语法的准备》，载《小学教学过程中的教育与儿童的发展》文集，莫斯科，俄罗斯联邦教育科学院出版社，1960 年版。

是正确的。

为了透彻掌握前置词的书写规则，为了使这部分语法学习有助于培养论证自己的判断和行为的能力，应该把掌握这项规则跟找前缀联系起来。让我们摘引一段这方面的上课记录。

女教师：你们对前缀知道些什么？

托利亚：前缀要联写。例如，前缀 пре-和 при-。

女教师：前缀 при-表示什么意思？

托利亚：接近。

女教师在黑板上写：Мы ходим на фабрику. Мальчик написал заметку.

女教师：这是两个句子。为什么我同时写了这两个句子？

伊　拉：为了区分前置词和前缀。在第一个句子里有前置词 на，在第二个句子里还有一个前缀 на-（мальчик написал）。

安德柳莎：在第二个句子里还有一个前缀 за—заметку。例如，Есть метки в деревьях.

女教师：请分析第一个句子的句子成分。

尼　娜：Мы 是主语，ходим 是谓语，на фабрику 是句子的次要成分。

女教师：请分析第二个句子。

瓦利亚：Мальчик 是主语，написал 是谓语，заметку 是句子的次要成分。

女教师：在句子的什么成分里有前缀？

亚罗斯拉夫：在谓语和句子的次要成分里。

女教师：请写出下列句子：Тетради лежат на столе. Охотник настрелял много уток. 在前缀下面画一道，在前置词下面画两道。分析第一个句子。

尤　拉：Тетради 是主语，лежат 是谓语，на столе 是句子的次要成分。

女教师：亚罗斯拉夫，你来分析第二个句子！

亚罗斯拉夫：Охотник 是主语，настрелял 是谓语，много уток 是

句子的次要成分。

女教师：这里哪儿有前缀？

亚罗斯拉夫：单词 настрелял 有前缀 на-。

女教师：настрелял 是什么句子成分？

热尼亚：谓语。

在分析句子的时候，学生做了一些观察：前置词只在句子的次要成分中才有，而前缀是在谓语中才有（有时在句子的次要成分中也有）。

可以看出，教师在上课时很重视前置词和前缀的区分，对理解前缀的意义也给予了一点注意。区分前缀和前置词是跟句子的句法分析联系起来的。

知识的**综合**有很大意义。让我们详细谈一谈可以叫作"单词"综合课的例子（二年级第二学期）。

上课目的——使学生已学到的词法知识系统化。

女教师在简短的开场白中说明这节课要做什么之后，要求学生说出各种个别的单词。女教师从学生说出的单词中选出上课第一阶段要用的一些单词写到黑板上。在写出的单词中应当有名词、形容词、动词和前置词（女教师把它们混杂地写在黑板上，暂时不必按词类分类）。

假定说，写了这样一些单词：носил，зима，смелая，дубок，газеты，на，барабан，идёт，под，холодный，пионер，стоит，полянка，в，из，красные，слониха，вылетает，машины，ежн.

女教师提出问题："如果要把**所有**这些单词分成几类，该怎么分？请回忆一下你们学过的语法，你们在把单词分类的时候，要利用学过的知识。"

学生可能按照把某些单词连成句子的方式去做。女教师指出，这样做，可以把一些单词连接在一起，但是这样做的话，黑板上写着的好些单词连不到句子里去。要知道，现在的作业是：把**所有**写着的单词进行分类。

教师不应当做自己提出的作业，要让学生自己做到：将单词按"某一词类"的特征进行分类。

不要把混杂地写在黑板上的单词擦掉，在稍稍下面一点，女教师把这些单词分名词、形容词等栏写出来。

然后用同样的方式（也由学生独立做）将名词与形容词按性和数分开写出。如果已经学过动词的时态形式，也可按时态分类。十分明显，前置词不能按上述类别分类。

在这之后可以做些词的构成方面的工作。分析黑板上写着的那些单词。用它们构成别的单词：加前缀、后缀或去掉前缀、后缀。紧接着是词尾的变化：名词变格和形容词变性。

全部做完这些工作之后，向学生提出问题："怎样用其中的某些单词组成句子？"某些单词无须进行变化，而且什么也不必添加，就可以直接组成句子，例如，Пионер носил барабан. 其中 пионер 是句子的什么成分？барабан 是什么成分？носил 是什么成分？

至于 зима 这种单词，如果它在句子中做主语，在黑板上写着的单词中没有合适的谓语，那么就需要加别的单词。能做定语的单词倒是有（холодный），但它是阳性形式，要让它合适就应改变示性词尾（холодная）。可以添加 стояла 这个单词，组成一个句子：Стояла холодная знма.

然后最好造一些这样的句子，使其要求有别的词形变化和词的组合。例如，造一个包含前置词的句子（На полянке стоит дубок），可是，造这个句子不能直接用 полянка 这个单词，它要经过变化（на полянке）。单词 полянка 现在应是第几格？

上课过程中在教室的黑板上留下的记录，到下课时大致如下（见图4-1）。

按照传统体系，在整个小学教学期间不讲"词干"这个概念。这对于学生在语言科学基础上学习许多词法问题是有妨碍的。

在我们的实验教学中，学生早在二年级就掌握了**"词干"**这个概念。因此就有可能对学生讲解**"构词"**这一科学概念，能把构词跟词形变化区分开，学习所谓复合词的问题。

носил，зима，смелая，дубок，газеты на барабан，идёт，под，холодный，стоит，пионер，полянка，в，из，красные，слониха，вылетает，мащины，ежи

名　　词			
зима，дубок，газеты，барабан，пчочер полянка，слониха，машины，ежи			
单　　数		复　　数	
阳　性	阴　性	阳　性	阴　性
дубок，барабан，пионер，	зима，полянка，слониха	ежи	газеты машины
дубок，дуб，барабан барабанщик	зима，зимушка，полянка，поляна，		

形　容　词			动　词		前　置　词
смелая，холодный，красные			носнл，идёт，вылетает，стоит		на，под，в，из
单　数		复　数	现在时	过去时	
阳　性	阴　性				
холодный	смелая	красные	идёт вылетает，стоит	носил	
			вылетает，летает	носил，приноснл	

Пионер носнл барабан．（Стояла）холодн（ая）знма．На долянк（е）стоит дубок．

图 4-1　"单词" 综合课

在现行的三年级教科书①中的复合词这一节，从语言科学的角度看是错误的。这里提出了复合词的定义，而学生并未学过 **"词干"** 这一概念。向学

---

① 参见扎科茹尔尼科娃、罗日杰斯特文斯基：《俄语（小学三年级教科书）》，莫斯科，教育书籍出版社，1962 年版。

生讲的定义没有适当的科学根据。这是语法教学中的重大错误之一。

＊　　　　＊　　　　＊

我们在语法教学中使**句法**占的位置，比在通常的小学里大得多。根据现行的教学大纲和教科书，在二年级向学生讲的仅仅是：句子中的单词之间在意义上有联系，单词之间的联系可通过提问来了解。①到三年级学年初的"复习"阶段之后才提到句法的问题，给了句子、主语和谓语的定义，讲到了句子的其他成分。学生应做的作业是：划出句子的主语、谓语和次要成分，造出由主语和谓语组成的句子，口头对主语、谓语提出问题，用次要成分扩充句子。②

学生直到四年级末期才知道句子次要成分的各种范畴（定语、补语、状语），才学到句子同等成分和复合句的概念并做相应的练习。只是在句子同等成分这一节的一次练习中，才要求分析句子的成分和词类。③而且，这里所做的分析，在成分和词类两方面是单独进行的，不是那种要求指出句子的某个成分用什么词类表示的分析。

在小学里这样安排语法学习，会使学生形成逻辑思维的工作受到削弱，并使俄语知识和技巧的质量受到损害。要知道，在现代语言学中，词法和句法被看作紧密联系的两个语法分支。

早在二年级就完全可以进行句子的句法分析，并能辨别出句子的某个成分是用什么词类表示的。例如，学生对"Маленькие дети играли в саду."这类句子曾是这样分析的。在同一节课上，学生还应分析"Мы встретили скорый поезд."这类句子。这类句子的特点是：句子的主语是用人称代词表示的。

因此，应当提一提词类的学习安排的问题。按照现行的教学大纲和教科书的规定，名词在三年级学习，而代词在四年级学习。我们认为不这样来安

---

① 参见科斯京：《小学俄语教科书（二年级）》，莫斯科，教育书籍出版社，1962年版。

② 参见扎科茹尔尼科娃、罗日杰斯特文斯基：《俄语（小学三年级教科书）》，莫斯科，教育书籍出版社，1962年版。

③ 参见扎科茹尔尼科娃、罗日杰斯特文斯基：《俄语（小学四年级教科书）》，莫斯科，教育书籍出版社，1962年版。

排学习这些词类更为合适。一年级就应向学生讲"名词"这一概念，二年级就可以讲人称代词。

人称代词在阅读中是经常能遇到的。二年级学生在作文里叙述参观、欢度节日以及其他事情和感受时也常常运用它们，让他们学习作为语法范畴的人称代词，不会比学习名词有更大的困难。

例如，在分析"Мы встретили скорый поезд."这个句子时，女教师说："请找出这个句子的主语。"

伊戈里：Мы.

女教师：这是名词吗？

加利亚：不是。

女教师：这是什么词类呢？

列　沙：这是代词。

女教师：可见，主语永远是用名词表示的吗？

托利亚：不是！

女教师：当然！主语不仅可以用名词表示，也可以用代词表示。

*　　　　*　　　　*

在结束这一节的时候，必须再次强调指出现行语法教学体系的危害性。在小学里学习语法的过程中，学生很少真正理解语言现象，语法仅仅从属于正字法，因而使学生的发展以及知识与技巧的掌握都受到巨大损失。

甚至教学法参考书的作者本人，尽管他们是现行语法教学体系的创导者，也不得不承认语法教学中的重大缺陷。例如，罗日杰斯特文斯基在莫斯科、弗拉基米尔、加里宁和卡卢加的一些学校里对学生的语法知识做了检查。他根据检查指出，三年级学生的最大困难是确定句子中的单词之间的联系和区分词类，四年级学生最感困难的是格的区分和分析单词的词法构成。[1]

---

① 参见罗日杰斯特文斯基：《小学教学的现状和当前的任务（俄语）》，载《初等学校》1958年第8期。

必须强调指出，上述缺点是在做非常简单的作业的时候暴露出来的。在三年级用作语法分析的句子是：Пионеры копалд грядки в огороде. 在四年级是：Узкая тропинка выводит нас к березовой роще. 由此可见，语法知识的水平确实很低。

上面列举的我们的经验材料证明，建立新的语法教学体系是能实现的事情；还证明，这种教学对于学生发展的质的进步有很多好处，对于掌握正字法也能奠定可靠的基础。

第二节　正字法教学

正字法教学与语法教学的紧密联系是苏联学校中正字法教学法的关键之一。

这个一般性原理不会引起异议。但是在教学实践中，对这一原理的解释，尤其是从方法上具体化和实施的形式，却可能很不一样。

大家知道，在正字法的教学法史中曾经有过各种派别，他们在掌握正字法这个问题上，有时把这方面，有时把那方面提到首位。[1]有一个时期，所谓手的活动方式被认为起主要作用。有些教学法专家认为起特殊作用的是视觉表象，另一些教学法专家则认为是听觉分析。现在苏联的教育心理学参考书中则提到了这样一些观点，这些观点认为，必须根据各类按正字法规则书写的单词，分类进行正字法的教学工作。学生着手掌握的每一种单词的类型，取决于它们客观的语言特点。在按语音书写，或按传统书写，或按词义正字法书写的各种情况下，智力活动的结构是各不相同的。[2]考虑学生在掌握正字法时的个别差异也有一定意义。[3]

根据各类按正字法规则书写的单词分类进行正字法教学的要求，当然应

---

① 参见罗日杰斯特文斯基：《小学正字法教学法史概论》，莫斯科，俄罗斯联邦教育科学院出版社，1961 年版。

② 参见鲍戈亚夫连斯基：《掌握正字法的心理学》，莫斯科，俄罗斯联邦教育科学院出版社，1957 年版。

③ 娜扎罗娃：《一年级学生掌握正字法时的个别差异》，莫斯科，俄罗斯联邦教育科学院出版社，1960 年版。

该遵循。但是，还有一个更为重要的问题是：要找到正确的**教学论观点**和正字法教学的**一般的**教学法途径。

当然，语法教学的性质具有很大意义。关于我们的体系跟传统的教学法在语法教学方面的分歧，在前面的叙述中已经谈过。但是有些问题**专门涉及**正字法的教学法，现在我们就来谈谈这些问题。

传统的小学教学法的特点仿佛是"怕出错误"。采取一切可能的措施都是为了在学生的书面作业中不出错误。在这方面既有采取了预防措施的听写，又有书面复述和写作文之前的正字法准备，还有一系列按这一方针行事的其他教学方式。①

因此，似乎总是要让学生拄着拐杖走路。对待正字法教学的这种观点，在小学俄语教科书的练习和作业中，都有充分而具体的反映。

在俄语教科书中，绝大部分练习要么是抄写并在某些单词或单词的某些部分下面画一条线，要么是让学生在句子中的虚线处填字母。②但是要知道，在运用正字法规则的时候，最困难的事情是断定一个单词应按某一种正字法规则书写。③这种最大的困难在刚才说的那些练习中恰恰被删除了。

学生在练习、听写、写复述和作文中接触到的单词范围有局限性，由此可以得出结论，学生的正字法知识并不是建立在领会语言的相互关系的基础上，而只是建立在熟记某些单词的基础上。这在一定程度上说明下列两方面之间有着差距：一方面是听写熟悉的单词或听写与其十分接近的单词时表现出的正字法知识水平，另一方面是写复述尤其是写作文时表现出的正字法知识水平。如果写作文和复述之前不做专门的正字法准备，其中的错误通常要比在听写中多得多。

显然，这不是产生上述差距的唯一原因。产生差距的其他原因是，在进

———————————

① 参见沃斯克列先斯卡娅、扎科茹尔尼科娃：《讲授小学俄语的实用指南》，莫斯科，教育书籍出版社，1958 年；列道祖波夫：《小学俄语教学法》，莫斯科，教育书籍出版社，1955 年版；扎科茹尔尼科娃：《小学的复述和作文教学》，莫斯科，教育书籍出版社，1959 年版。

② 参见科斯京：《小学俄语教科书（二年级）》，莫斯科，教育书籍出版社，1962 年版；扎科茹尔尼科娃、罗日杰斯特文斯基：《俄语（小学三年级教科书）》，莫斯科，教育书籍出版社，1962 年版；扎科茹尔尼科娃、罗日杰斯特文斯基：《俄语（小学四年级教科书）》，莫斯科，教育书籍出版社，1962 年版。

③ 参见茹拉夫列娃：《运用正字法规则的心理分析》，学位论文，莫斯科，1948 年。

行听写的时候，学生的全部注意力都集中在正字法上，而在写作文的时候，学生还需操心用适当的词语表达内容。但是，从教学方法的效果上说，如果只有在专门的特定条件下，在全部注意力集中在正字法上的时候，才能按照正字法规则正确地书写，那么，这种教学方法难道可以认为是成功的吗？当然，这种方法需要根本的改革。

传统的俄语教学法特别注意预防错误，但是，预防错误不能摆脱书写知识水平低的状况。就以罗日杰斯特文斯基的材料为例，31 名学生在听写时有89 个错，即平均每人 2.9 个错（三至四年级）。①

对于因改进正字法教学而提高了学生的正字法知识水平的情况，有的人只用听写材料列举过一些数字。例如，在罗日杰斯特文斯基介绍二年级学生提高正字法技巧的文章中，列举了听写的结果，而且只是**单词**的听写。作者认为这些数字应当肯定一点：在教师采用的教学方式得到改善的条件下，学生的错误数量有所减少（用的是"清浊辅音的正字法""非重读元音的正字法"这两个专题的材料）。

但是，上述结果只能肯定：可以把学生训练得比平常的情况好一些，能够正确书写某些带非重读元音的单词。如果在听写中遇到仍用这项规则书写的其他单词，错误数量就会大大增加。罗日杰斯特文斯基写道："三月份进行的复查证明，在学生从来没有写过的单词中，错误很多。"②

由此可见，即使只用听写来检查教学效果也可以明显看出，现行的正字法教学体系的效果很差。在没有预先的正字法准备的条件下让学生写作文的时候，还能更加明显得多地发现这种体系是不能令人满意的。

在我们的实验班里，按照前面阐述过的主张，在写作文和复述之前是不进行正字法准备的。有预防措施的听写跟所谓检查性（即凭听力的）听写相比，只占很小的比例。在我们的班里，学生写很多作文和复述。

很自然可以提出一个问题：在我们的实验班里是通过什么途径使正字法

---

① 罗日杰斯特文斯基：《词的语音分析和词法分析是提高三、四年级学生正字法知识水平的手段》，载《小学俄语教学法问题》文集，莫斯科，俄罗斯联邦教育科学院出版社，1959 年版，第 34 页。

② 罗日杰斯特文斯基：《二年级学生的正字法技巧的发展》，莫斯科，俄罗斯联邦教育科学院出版社，1961 年版，第 40 页。

知识达到高水平的呢？

因为在写作文和复述之前没有事先讨论内容，没有选择单词、语句和说法，也没有做正字法的准备工作，所以在学生的文章中自然会有一些还没有学过按正字法规则书写的单词。教师在批改作文或复述之后、纠正错误之前，先把错误分为两类：(1) 涉及已经学过的规则；(2) 涉及学生还不知道的规则。再把第二类错误分为两种情况：一种情况是只能简单明了地告诉学生的，仅限于说说这个单词该怎么写；另一种情况则是有可能用所谓书写经验使学生学会书写规则的，这样做，是因为学生这时并未获得广泛的语法论证和相应的术语。

让我们举一个这方面的实例。这是在二年级纠正学生在复述中的错误。当时，动词中的-тся 和-ться 的书写错误相当多，而这部分语法还没有学过。于是，教师就把学生的注意力集中到区分这两类写法上。教师没有把"动词不定式""反身动词"等术语告诉学生，而是用"Что делать？（Что сделать？）"和"Что делает？"这些问题进行必要的区分。

女教师在黑板上写了适当的例子：

Хотел   заниматься. Занимаетея.

Стал   кружиться. Кружится.

女教师：заниматься 和 кружиться 这两个单词回答什么问题？

伊　拉：回答"Чго делать？"的问题。

女教师：Хотед что делать? Заниматься. Стал что делать? Кружиться. （在这两个单词的上方写出"Что делать？"）那么 занимается 和 кружится 这两个单词回答什么问题呢？

亚罗斯拉夫：回答"Что делает?"的问题。

女教师在 занимается 和 кружится 的上方写出："Что делает?"

女教师：你们注意到 заниматься 和 кружиться 这两个单词有什么特点吗？

列　娜：当我们在说 заниматься 和 кружиться 的时候，我们听得出这两个单词的末尾有一个音节 ся。

女教师：在 занимается 和 кружится 这两个单词里，末尾也有 ся。

瓦利亚：在单词 заниматься 里，т 后面有个软音符号，而在单词 кружится 中没有软音符号。

女教师：这跟提的问题有什么联系呢？

安德柳莎：在 "Что делать?" 这个问题中有软音符号。

女教师：在 "Что делает?" 这个问题中呢？

伊　拉：在 "Что делает?" 这个问题中没有软音符号。

女教师：我们怎么写 "Ребёнок стал улыбаться."？

伊戈里：带软音符号。

女教师：那么怎么写 "Мальчик умывается." 呢？

米　莎：不带软音符号。

女教师：为什么？

尤　拉：因为 умывается 回答 "Что делает?"的问题。

　　纠错工作是正字法教学中很重要的组成部分。在现有的教学法参考书中对于纠错的方式有着不少适用的建议：学生自己纠错，教师批改作业，发练习本时纠错等。[①]但是，最主要的并不是某些教学方式，而是正字法教学的教学体系，这些或那些方式是在一定的教学体系中运用的。

　　诚然，我们并非不加区别地反对用任何形式预防任何可能出现的错误。问题的实质是在于：哪些错误应当预防以及应当怎样预防。在传统的教学法中习惯的做法是在一切场合都要预防错误，无论是在单词的写法超出已经学过的规则的范围时，还是在写法并不涉及语音学原则的时候。我们根据下述理由不同意这样做。

　　专门研究学生掌握正字法所得到的结论认为，学会按正字法正确书写，并

---

　　① 参见沃斯克列先斯卡娅、扎科茹尔尼科娃：《讲授小学俄语的实用指南》，莫斯科，教育书籍出版社，1958 年版；列道祖波夫：《小学俄语教学法》，莫斯科，教育书籍出版社，1955 年版。

不仅仅是靠规则和运用规则的技能，也不仅仅是靠听觉形象，因为视觉和动觉（运动）形象起着重要的作用。①因此，如果认为，学生在书写超出已学的规则范围的单词或书写不涉及语音原则的单词时，他们在所有这些单词上都会出错，这至少是幼稚的。

儿童在写复述的时候，教师在某种程度上可以预见到：学生将要用哪些单词，其中哪些是学生会感到有困难的。例如，如果儿童在第二学年初给有关猴子的故事写复述，无疑要用到"猴子"这个单词。教师预见到难点之后就应告诉学生，如何正确地写这个单词。

教师告诉单词的正确写法并进行事先的正字法分析，是教学法参考书的作者们介绍的预防错误的主要方式。此外，他们还提到别的办法，例如：学生主动问教师，问某个单词该怎么写；查正字法字典等。②

在我们的教学法体系中，很少由教师事先告诉单词的正确写法。在学生自己纠错的过程中，或在教师纠正过错误之后，随之进行的正字法分析起着重要的作用③。

在我们实验班的教学工作中，非常重视这样的听写（凭听力的或边看边听的），它的内容是在分析学生的作文或复述中所犯错误的基础上编写的。在这类听写中含有学生在作文或复述中容易发生错误的那些按正字法规则书写的单词。

例如，在分析学生按别洛夫的油画《渔夫》所写的作文中犯的错误之后，让学生进行了下列边看边听的听写：

Морщинистое липо. Он прищёл надолго. Он прищёл не на час. Деревья не шелохнутся Там растут осины. Лилии здесь не росли. Любимое занятие. Он заиимается. Удочка пошевельнулась. Речка как будто

---

① 参见鲍戈亚夫连斯基：《掌握正字法的心理学》，莫斯科，俄罗斯联邦教育科学院出版社，1957 年版；娜扎罗娃：《三、四年级学生书写错误的预防》，莫斯科，俄罗斯联邦教育科学院出版社，1958 年版。

② 参见沃斯克列先斯卡娅、扎科茹尔尼科娃：《讲授小学俄语的实用指南》，莫斯科，教育书籍出版社，1958 年版。

③ 在写作文或写复述的时候，如果有些单词难住了某名学生，允许他举手问教师，问一些单词该怎么正确书写。在二、三年级应当引导学生查正字法词典。

серебристая. Смеркается. Луна поднимается. Все выше.

学生听写完以后，教师要对所写内容进行分析，在分析过程中着重把学生的注意力吸引到有关的对比上（надолго- -не на час- -не шелохнутся，растут- -росли，занятие- -занимается，等等）。

我们的实验班里的习惯做法，是运用非常广泛而且远远超出俄语教科书范围的词汇材料，这种做法对学生的一般发展和掌握正字法都有重大意义。不仅在写作文和写复述的时候，而且在学习规则的过程中，都要再现大量词语。例如，在学习词根中带非重读元音的单词的正字法规则时，广泛地把有关的同根词进行归类。学生不仅要对被验证的单词再现大量验证用的单词，还要再现用这个单词可以验证的许多单词。在选同根词的时候，使学生的注意力特别集中到：把属于不同词类的单词或构成互不相同的单词列入同一组同根词里，等等。

我们认为有重大意义的一点是，儿童重视并喜爱词汇，愈来愈珍视语言的丰富性，愈益深刻地认识到，借助单词及其变化形式能够无穷无尽地表达各式各样的思想感情及其细微的差别和色彩。热衷于大量千篇一律的训练的人可能认为，我们说的这一点跟掌握正字法毫无联系。其实，对词汇持喜爱和珍惜的态度是掌握正确的书写技巧的最重要条件之一（尽管不是唯一的条件！）。

我们现在在实验班里已做到的一切，绝不能认为是理想的。我们设想中的许多事情，由于工作条件不允许而仍没有实现。但尽管如此，实验班的学生掌握词汇，还是比其同龄人灵活得多。在我们的班里，为下一步卓有成效地掌握正字法奠定了基础。在按正字法正确书写方面，这个基础即使在现在也已显出是有成效的。[1]

小学语法和正写法的全部教学内容[2]介绍如下。

---

[1]　本书第八章有关于实验班学生正字法知识水平的材料。

[2]　这份教学大纲的一、二年级部分，曾在 1961—1962 学年和 1962—1963 学年在加里宁和图拉一些学校的 30 个实验班中试验过。它的三年级部分，曾在莫斯科第 172 学校中局部试验过。

一 年 级

第一学期

概念："单词""语音""字母""音节"。单词的重音。

介绍字母。

元音和辅音。语音的辨义作用。

单词的听觉分析和视觉分析。

硬辅音和软辅音。辅音软化的标志。

发音和书写的分歧情况。单词词根中的非重读元音。单词末尾的浊辅音和清辅音。

选同族（同根）词。

前置词支配的单词。它们分开写。

在人的名字、父称和姓氏中，在给动物起的名字中，在城市、乡村和河流的名称中，第一个字母大写。

句子。句子中词与词之间的联系（根据提问）。

句末的句点。句首的第一个字母大写。

拼音：жи- -ши，ча- -ща，чу- -щу.

第二学期

字母表（语音及其名称的次序）。

名词（术语、定义）。动物名词和非动物名词。专有名词和普通名词（术语、定义）。名词的单数和复数（术语、定义）。

名词的性。

名词的变化（根据提问：Кто？Что？Кого？Чего？等等）。观察词尾的差别。

单词末尾的浊辅音和清辅音。单词末尾的清浊辅音的正字法。

动词（术语、定义）。动词的现在时、过去时和将来（复合）时。

词根（术语、定义）。同根词（术语、定义）。

词根中非重读元音的正字法。

形容词（术语、定义）。

形容词的性、数变化。

前置词。

分音符号 ъ 和 ь。

陈述句、疑问句和感叹句。句末的问号和感叹号。

二　年　级

词的构成。前缀、后缀和词尾。

单词中间的清浊辅音的正字法。

某些前缀中的元音和辅音的正字法。

有重叠辅音的单词、有不发音的辅音的单词的正字法。

词干。

复合词。

名词的第一变格法。

名词的第二变格法。

名词的第三变格法。

各格的意义（动词要求的；某些基本意义）。

各格非重读词尾的正字法（突出的几类）。

句子的主要成分和次要成分。主语、谓语、定语、补语（术语、定义）。

句子的同等成分。句子同等成分的逗号。

根据句子成分和词类对句子进行分析。

简单句和复合句。两个简单句构成的复合句。连接词 a 与 но 之前的逗号。

三　年　级

形容词的性、格和数的变化。单数和复数形容词的示性和示格词尾的正字法。

代词：人称代词、物主代词和指示代词。

动词的不定式。

动词和名词的搭配。

动词变位。最常用的第一和第二变位法动词的非重读人称词尾的正字法。

动词的体。

动词的态（主动态和被动态）。

句子。状语（地点、时间和行为方式）。

并列复合句和主从复合句（若干种）。

直接引语。直接引语前后的引号和引语前的冒号。大写字母。

第五章　算术

　　我们暂时不改变算术这一惯用的课程名称，但是从我们现在的建议中可以看到，算术课程**将变成数学课程**。我们清楚地认识到，在这方面有可能而且应该比我们在这本书里讲的做得更多。我们现在并没有完全实现我们的设想，这是因为考虑到必须在大量的实践中检验我们的建议，同时考虑到现有的条件，首先是师资的准备。

　　代数和几何的基础知识被纳入小学教学的课程，是跟算术紧密结合的，这有利于领会量的相互关系而不局限于数字。早在一年级就应该而且有可能进行这种比较广泛的概括。例如，在一年级一开始用数字讲了相等和不等的概念之后，我们就立即转到解释：什么是相等的线段和不等的线段。

　　在学习 10 以内的加减法的过程中可做线段加减的实验性作业。同样，当儿童在学习乘法和除法的定义时，可将线段乘以整数和除以整数。

　　乘法可直接用于计算长方形的面积。计算这种形状的面积又可联系这种形状的特征——对应边相等。学生知道了直角、长方形及其某些特征，做一些按已知边画长方形的实验性作业，跟学会几何的其他基础知识一样，对于学生的发展，对于奠定进一步学习数学的基础，都有重大意义。至于像"圆、半径、圆弧、圆心角、弧度和角度、锐角和钝角"这类材料，应当认为也有同样重大的意义。这种材料使理解量的相互关系超出数字的框框，有利于空间范畴的运用。

　　这些定律的公式，同算术课程中存在的用代数式表示的其他定律的公式一样，有助于学生概括地理解加法和乘法的交换律，同时，也可以使学生了解代数符号的特征，向学生介绍正方形及其某些特征，并介绍测量面积的单位以及与乘方有内在联系的概念。因此，直接连贯并有机联系地教这些知识是完全合理的。

我们在这里指出的仅仅是代数和几何的基础知识跟算术结合的某些方面。现在转到谈谈算术课程中必须改革的一些问题，然后将介绍小学算术教学的全部内容。

第一节　掌握算术的开始阶段

从一年级开始上课起，我们的算术教学就不同于按照现行的教学法习惯上所做的那样。算术教学进行这种改革的根据是我们在本书第一章提出的那些原理。

按照传统的教学方法行事，10 以内的每一个数是单个地学习的。学习每一个数都要花费相当多的时间，而且，数是应用在各种事物上的，后一个数的学习，联系前一个数。例如，3 这个数被说成是用 2 和 1 两个数组成的。以后的每一个数也都是这样来学习。这里似乎有着后一个数跟前一个数的联系。这在某种程度上确实如此。可是，这种联系是狭窄的和片面的，因为从 1 到 10 的整个数列，作为某种统一的整体，完全没有提到。

此外，应当强调指出，按照现行教科书①的规定，教师不教学生弄清楚什么是一般的数和数数，而用各种挂图先教一些个别的数，对它们提些问题，例如："多少孩子？""多少树？""多少小船？"

可见，这里所说的是准备学习数的某个阶段，也可能是在查明学生原有的数的表象。但是，这绝对没有可能向学生指出什么是数和数数。

无论是在学生的一般发展上下功夫的任务，还是高质量地掌握知识的任务，都要求有另一种做法。这就是必须使学生力所能及地大致了解他将要学习的对象和学习过程。尤其是在儿童进入一年级，通常已有相当多的数的表象的储备，已有一定范围的数数技巧的时候，完全有可能做到这一点。

我们按下列做法开始上算术课。女教师对学生说："现在我们上算术课。我们在算术课上要做些什么呢？谁能够说一说？"正如本应期待的那样，学生对所提的问题答道："我们要数数，要做应用题。"

---

① 普乔柯、波利亚克：《算术（一年级教科书）》，莫斯科，教育书籍出版社，1962 年版。

女教师证实说："对，我们在算术课上要学习数数，要做应用题。"

顺便指出，头几节算术课①不仅应当用来进行教学，而且应当用来查明孩子们已经知道些什么。由于有这些任务，女教师连续不断地叫 10 名学生站起来，查明他们的数字知识。她随机地展示一些字体很大的数字图片，叫儿童说出每一个数字。女教师将情况记在自己事先填有学生名单的练习本里。

弄清楚学生原有的知识和技巧很重要。如果按照现行教学法所习惯做的那样，从这样一种假设出发，说学生在入学之前没有任何数数的技巧和知识，这是错误的。女教师查明了学生已经知道些什么，就能够以此为基础适当地安排教学工作。

一开始，弄清楚学生有哪些数字知识，是很重要的，因为紧接着就要介绍数字。如果发现许多孩子已经知道数字，那么任务就将集中到其余的人身上，这样一来就有了基础，可以在此基础上继续进行算术教学。

女教师在查明数字的知识之后说："孩子们，数数在生活中有很大用处。我们要用好多次课让大家逐步地愈来愈多地了解：什么是数数，什么是数，它们有什么用处。现在我们开始讲这些内容。"

女教师挂出两张画有李子、樱桃或其他物品的挂图，图中物品的数量相差很大（例如，9 个和 4 个）。女教师说："如果我们不会数数，不知道数，我们对于这种挂图能说些什么呢？"（这里有很多樱桃，而这上面很少）然后女教师再挂出两张挂图，上面分别画有 7 个和 2 个樱桃。女教师问道："我们对于这张挂图能说些什么呢？"（有很多樱桃）"那么对这一张呢？"（很少）女教师接着说："你们瞧，对于不同的挂图（指 9 个和 7 个樱桃），我们说的是同一句话——'很多'，而对这两张挂图（指 4 个和 2 个樱桃），我们说的是'很少'，再也不能说什么了。"

然后女教师继续说："要想回答每张挂图上有几个樱桃这个问题，该怎么办？（应当把它们数一数）谁能数一数？"

---

①　我们在这里和以后的叙述中都要引用一些上课的情况。但是，**这并不是**我们在提出**上课的进度**。引用仅仅是把我们的算术教学的观点具体化的需要。

能数数的孩子们数着，而女教师把相应的数写在每一张挂图的下面。女教师说："你们瞧，我们数好了以后，就能回答每张挂图上有几个樱桃这个问题了；我们可以说：9、7、4、2。这就是数。9、7、4、2都是数。还有其他一些数，我们下次再讲。"

女教师又查明了几名学生的数字知识之后，就下课。在第二天的算术课上，用另外几对挂图对樱桃的数量进行比较。学生回答以后，女教师仍把数写在每一张挂图的下面。

可以看到，在这两节课上已经弄清楚什么是数数，不过，当然不是用某种一般的定义，而是用理解数数的功能或作用的办法。只有在这以后，也就是在用10以内的所有数具体指出什么是数数之后，才可以转到讲数的运用。而只有在这时，查明本班学生有哪些数的表象，才是最合适的。女教师说："我要逐个地把你们叫起来，被叫到的人要说出他知道的一些数。"她连续地把学生叫起来，一边听他们回答，一边在自己的练习本上做记录。

女教师说："我们现在要学习运用数。在你们课桌上有一些小圈。我说出一个数，你们每个人一个一个地拿小圈，把它们摆在一边，拿够为止。"（她在课桌间来回走，进行检查、纠正）

然后女教师在黑板上连续挂出一些挂图，图上画着不同数量的樱桃（8个、6个、5个、3个、1个），并说："现在你们每个人在自己课桌上把小圈摆成跟图上画的那么多。"女教师指着每张挂图（8个、6个、5个、3个、1个）。

在以后的课上继续这样做，并且学习数字的书写。

后来（这可能是在第六次课上）女教师说："你们数过了图上的樱桃，摆过了小圈。你们学会了运用数。现在你们一定已经能够说出，你们知道哪一个数最小。"（1）她接着说："比它大一点点的下一个数？"（2）"再下一个呢？"（3）

女教师问道："你们有谁能数到9？你来数！（她对举着手的一名学生说）你能数下去吗？"有了肯定的回答时，女教师说："你能数多少就往下数多少。"然后她接连叫起10名左右的学生，要求每人从1数起，看谁能数多少；在自己的练习本里记下来被叫起来的每一名学生正确地数到什么数。

这时用直接数数的办法查明学生原有的数数技巧，才有益处，因为学生已知道什么是数和什么是数数。这时这样做，已经不是机械地进行数的再现，而是在再现数列，因为学生对数列的实质在某种程度上已经有所认识，尽管程度浅显。

在这之后，可以开始让学生了解彼此相邻的两个数之间的相互关系。这很重要，因为自然数列并不单纯是个别的数的某种排列。数列内的每一个数跟其在大小上相邻的数有着一定的关系。应该引导小学生认识这些相互关系。我们建议这样做：女教师说："现在我们都来数到 9。"她按由小到大的顺序挂出画有 1—9 个樱桃的 9 张挂图，并在每一张挂图下面写出相应的数。女教师说："我们已经知道什么数最小。大家说！（1）比它大一点的下一个是？（2）2 以后的下一个呢？（3）谁能说出，每一个后面的数比前面的数大多少？例如，3 比 2 大多少？"

女教师对其他各对相邻的数，如 7 和 6、4 和 3 等，提出同样的问题。

女教师继续说："现在我们要依次比较这些数，每一个后面的数比前面的数大多少。"接连比较 2 和 1、3 和 2、4 和 3 等，直到数列的末尾，也就是到 9。如果儿童不用挂图就能做到这些，就不必看图；如果做不到，让学生重新数一数相邻的两张挂图上的樱桃，利用挂图弄清楚：后一个数比前一个数大多少。

到第二天，女教师在黑板上写出 1—9 这一数列。她说："在前一次课上我们比较了一些相邻的数，你们明白了一些什么呢？"（每一个后面的数比前面的数大一个 1）女教师说："现在你们可以回答这样一个问题：从 1 数到 9 是什么意思。"（这就是说出这样一些数，使每一个后面的数比前面的数大 1）

女教师证实说："对，是这样。我在黑板上（指黑板）写了数列，其中每一个后面的数比前面的数大一个 1。对于这个数列（女教师指着从 1 到 9 的方向）我们可以说些什么呢？如果我们从 1 往后看这些数，数增大了还是减小了？"（增大了）

"如果每一个都用一些小方块摆成一叠，你们就可以看得更加清楚——就像这样（女教师在黑板上画出数量不一的小方块：有只有一个小方块的，有用两个小方块摆成的，等等）。"每个学生在自己的课桌上也一叠一叠地摆起来（先不必到9，可限定为5或6）。

然后女教师在黑板上画出其余的几叠，从1到9，在每一叠下面写出相应的数。得到这样一个数列后，可以明显看出数逐渐增大。女教师把学生的注意力集中到增大这一点上。

下一次课讲相邻而数量递减的两个数的相互关系。女教师说："我要再把那些一叠一叠的小方块画出来，在每一叠下面写上数。"（她画出9叠并写上相应的数）女教师接着说："我们从1（指着1）开始看，看到数逐渐增大。每一个数比前面的数大多少？（大1）现在我们要按这个方向（指着）从9开始看。8这个数比9大还是小？（小）小多少？（小1）"女教师对6和7、5和6这些数提出同样的问题。她继续说："你们可以看到，如果按这个方向（指着）从9开始看这些数，那么数是增大了还是减小了？（减小了）每一个后面的数比前面的数减小多少？（小1）"

只有在学生知道了递减的数列内部各数之间的相互关系之后，倒着数数才有益处。这时，女教师逐个地叫起学生，查明他们能不能倒着数出他们能顺着数的那些数。在以后的课上，接着查明倒数的能力，为的是弄清楚本班全体学生具有的这种能力的情况。

往后，使数的概念在学生的意识中加深一些，是很重要的，我们指的是要使学生懂得，同一个数可以表示一定量的任何东西。这应当这样做：女教师挂上一些画有同样数量（例如6）的各种东西（例如气球、李子、小旗、花等）的挂图。女教师提问："多少气球？（6）多少李子？（6）多少小旗？（也是6）你们看，东西不一样，而它们的数量一样——6。"女教师在全部挂图下面写一个大括号，在它里面写一个数——6。

女教师接着说："好，你们对数知道得更多了。同一个数，例如6，可以表示一定量的各种东西、任何东西。但是，要想把同一个数应用到各种东西上，这些东西必须是同样的量。"可以逐个地让几名学生想出数量相同的各种东西的例子。

我们叙述的这几节课是为一定的目的服务的，这个目的是：了解自然数列及其中各数之间的相互关系。现在可以转到学习加减法上来了。

但是，我们在分析这一部分以前，有必要解释清楚，为什么所学的数字是从 1 到 9，而不是像现行的教学法规定的那样，从 1 到 10。

我们把 10 这个数排除在这一阶段的算术教学之外，这不是没有原因的。因为 10 这个数是一个两位数。在这里出现了新的位——十位。

出现新的位是一年级算术学习中的**转折点**之一。它要求做专门认真的分析。所以可以说，如果没有把学生的注意力专门集中到 10 和个位数的根本区别上，就不应该随便引入 10 这个数。我们特意谈这个问题，是因为在这个问题上，传统的教学法与我们提出的算术教学的方法之间界限分明。把 10 这个数放在 10 以内的数这一部分中学习，是传统的算术教学的基础之一，这说明那种算术教学几乎不提认识方面，它所谈的只是训练学生的某些技巧，学生并不了解这些技巧的原理。

本书第一章已经强调指出过，我们认为从教学的初期开始，就应该使教学的**认识方面**，也就是应该使理论知识占据应有的地位。这项原则在上述 10 以内的数的学习安排中，也是起指导作用的。

在过渡到学习加减法的时候引进数的构成，确实是完全合适而且必要的。在现行的算术教科书中也提到了数的构成。例如，让学生做的作业就有：用各种办法把 4 个小方块分开摆，有几种摆法？挂图也反映出数的构成，例如，在图上把 4 个李子或 5 个核桃表示为各种构成：3 个和 1 个李子，2 个和 2 个李子，3 个和 2 个核桃，4 个和 1 个核桃，等等。但是，这里的数的构成是与加减法的学习脱节的。加减法是一回事，数的构成是另一回事。

我们确信，加减法的学习和数的构成的应用，这两件事应当是不可分割的有机整体。

把某一个数看作其他两个数的包含物（数的构成），或看作两个加数的和，应当是为了一个中心目的。在减法学习中也是这样的。因此，加法和减法的一览表，是在作为和的某个数的限度内编制的（例如，3+2＝5，4+1＝5，5-2＝3，5-1＝4，等等）。

我们认为，学习加减法的时候不对儿童讲相应的术语（加法、减法、算术运算、和、加数等），是毫无道理的。不讲术语是只训练技巧而不对其做应有理解的那种方针的又一表现。

上面我们提到了加减法的学习和**数的构成**之间的相互关系问题，也提到了**术语和定义**的问题。

但是，如果从学生的发展的角度来分析算术教学，还有一些其他问题是必然要出现的。在普乔柯和波利亚克的一年级教科书中，在学习 5 这个数的时候已经引进等号。但是，无论是在一年级还是在以后，甚至在整个小学教学期间，都没有对相等和不等进行比较。因此，学生养成了习惯，在不理解等号本来表示什么意思的情况下运用这个符号。

应当让学生格外重视什么是数或量的不等。只有跟不等**进行比较**，才能掌握"相等"这个概念。

有鉴于此，在转到学习 10 以内的加减法之前，我们建议讲一讲"不等""大于""小于"等概念。这可以这样进行：女教师说："我们在学习从 1 到 9 的数列时，对每一个后面的数和前面的数是怎么说的？（每一个后面的数比前面的数大 1）请举例。（8 比 7 大 1，7 比 6 大 1，等等）一个数大于另一个数的情况，用这种符号'>'表示。（女教师在黑板上画出这个符号）我们把 8 大于 7 写成：8>7。（女教师把它写在黑板上，然后把它擦掉）现在你们每个人在自己的练习本上写 8 大于 7。"

学生们听写。教师绝对没有必要把它写到黑板上，也不必叫一名学生到黑板上来写，否则就成了单纯的抄写。教师说："现在你们每个人在自己的练习本上写 7 大于 6。"

按同样的方式，学生用别的数字练习写这种关系式：5>4，9>8，3>2，等等。

女教师说："你们先写出：8 大于 7 和 7 大于 6。"女教师用相应符号把它们写在黑板上，并把 8 和 6 这两个数用两端有箭头的弧线连起来（8>7，7>6）。"既然你们知道 8 大于 7，而 7 又大于 6，你们能不能回答这样一个问题：8 大于 6 还是小于 6？"女教师用教鞭顺着弧线从 8 指到 6（8 大于 6）。

按同样的方式用别的数，如 4>3、3>2 等，得出结论。

下几节课讲"小于"这一概念，也用以上办法讲。把"大于""小于"的概念进行比较。学生领会到这些关系是互逆的（8>7，意味着7<8，等等）。

再往后，在下一节课上要引导学生理解什么是"相等"。这可以这样进行：女教师说："孩子们，你们先写出：8 大于 7 和 8 小于 9。（女教师用相应符号把这写在黑板上）我们能写 8 大于 8 或 8 小于 8 吗？（不，不能）是，绝对不能。我们只能说：8 等于 8。这在写的时候用这个符号：' = '。（女教师在黑板上画这个符号）这是等号。我们把 8 等于 8 这一情况写成：8=8。（她把这写在黑板上，学生在练习本上写，然后听写其他相等的数：6=6，5=5）"

*　　　　*　　　　*

正如上面已经讲过的，我们深信，算术教学一开始就应当跟代数和几何的基本知识联系起来。

几何的某些基础知识必须在一年级就引进，使学生比较深刻而全面地理解数量之间的相互关系和数量的运算。这对学生的发展和掌握数学都有重大意义。

最好从"直线""线段"的概念开始。

要想提供直线的表象，可以把一根细绳拉紧。如果拉得不紧，就得到曲线的表象。

这一办法有助于讲清：两点之间**只能**画**一条**直线。曲线则随便画多少都可以（如果把细绳放得愈来愈松，在这两点之间就有愈来愈多的曲线）。

讲清了什么是直线以及它跟曲线有什么区别之后，可以让学生在教室里寻找各种直线（讲台、课桌、黑板、练习本和书等的边）。

直线可以从这一端或另一端无限延长（在黑板上画出……——……）。两端限定的部分直线叫**线段**。

线段通常用表示其两端的字母标出（A ＿＿＿ B）。

做一些实验性作业：用直尺画线段。测量线段（使用有厘米刻度的直尺）。画给定长度的线段（例如，3 厘米、7 厘米、5 厘米）。

相等的和不等的线段。如果一些线段彼此重叠而且两端相吻合，这些线段叫相等的线段。

叠法如下：先用两条长度相同的细绳，然后用两条长度不同的细绳。先把一条细绳尽量拉紧，把它的两端固定住，然后使另一条细绳的一端与第一条细绳的始端吻合并固定住。如果第二条细绳的另一端跟第一条细绳的终端吻合，就是线段相等；如果不吻合，就是线段不等（一条长于或短于另一条）。

线段的加和减通常要用圆规。在没有圆规的情况下，按照几何教学法中提到的适当变通的办法，可以利用练习本上的格子。

孩子们根据教师布置的作业画线段 *AB*（例如，5 格）和 *CD*（例如，4 格）。然后用练习本中的一条横格线作为直线，在它上面做加法：就在这条直线的下侧，取线段 *AB*，然后从它的一端沿同一方向取线段 *CD*。

线段 *AD* 就叫作线段 *AB* 和 *CD* 的和。

$$AD = AB + CD$$

要想得到线段 *AB* 和 *CD* 的差，应在长的线段（*AB*）上从其一端重叠短的线段（*CD*）。长的线段的剩下部分（*DB*）也就是这两条线段的差。

第二节　对十进制计数法的理解和计算的方式

在算术教学中，也像在其他课程的教学中一样，我们遵循了我们的实验教学原则。所以，理解所学材料及学习的深度等问题在算术教学中就显得很突出。

在算术教学实践中应如何解决这些问题，我们在上面用 10 以内的数的学习材料做了部分说明。现在我们要继续讨论这些问题。

在从 10 以内的数过渡到 20 以内的数的时候，根本的问题是应该切实理解：10 既是十个 1，**同时**又是一个 10。这也就是孩子们的主要困难。然而，这种困难是不应当回避的，相反，应该引导孩子们一步一步地逐渐克服它。

在这里小学生的认识有一定的片面性，在他看来，10 这个数要么是十个 1，要么是一个 10。因此，我们进行的教学如能使一年级学生在消除这种片面性方面哪怕向前迈进小小的一步，都必将有利于学生实实在在的**智力发展**，尤其是其抽象思维的发展。

要特别注意，从位的角度对数进行分析是十分重要的。

计数制是算术的基础。学生逐渐理解计数制，能为理解计算操作的数学本质奠定应有基础。

这一点，不是只有创造出一些新的教学方式才可实现，而是局部改变已经熟悉的方式也可以实现。例如，在学习加法时，可以不引进新的教学方式，只需运用通常的方式就可让学生在运用过程中理解计数的十进制。

此外，按上述路子学习算术运算，对学生的一般发展有很大意义。如果学生明白（在他能达到的水平内）他所要掌握的计算步骤的原理，那么学习计算步骤就会给一般发展带来一定的好处。但是，如果学生用多次做练习的办法学会这样或那样的计算步骤，并不理解它们的内在联系，那么这种办法在形成计算技巧方面会有一定效果，但不会促进学生的一般发展。

最好采用一些有利于理解位的计算方法，它们不同于根据教学法参考书而在教学实践中通常采用的方法。

让我们摘引一段课堂记录。

"要求从 12 中减去 4。学生对这道题的做法解释说：12 这个数由一个 10 和两个 1 组成。我们把两个 1 放在一边。从一个 10 中减去四个 1，得 6。再加上两个 1，就得八个 1。"

上述这段课堂记录说明，儿童用的是下列计算方法：把被减数分解为十位数和个位数，**然后从 10 中减去减数**。

这种减法的特点，是学生**把数分解为位**。这种方法有助于发展学生的思维，加快提高他的数学程度；创造有利的条件，以便学生在表面上看起来完全**不同的**计算作业中掌握**共性**（分解为位）。

在用这种方法做减法的时候，有机会使学生认识清楚一个 10 跟十个 1 的区别，并比较深入地了解这一区别。这种减法现在已经很像以后的教学进程中出现的显然是"化位"的方法，"化位"也就是用低位的十个 1 替代高一位的一个 1。

当学生开始做 100 以内的加减法时，最好引进"竖式"解题法，即个位对个位、十位对十位的方法。解题的过程就包含了从加数（两位数）中分出十位和个位。①

我们用 35+47 这道题的解法来解释。在竖式法成为学生的习惯方法之

_____

① 大家知道，在传统的算术教学法中，只在三年级当学生转到学习 1000 以内的运算时，才开始用竖式。

后，他们对做这道题是这样解释的："我把五个 1 和七个 1 加起来，得12，或一个 10 和两个 1。把三个 10 加上四个 10，得七个 10，加上已经加出来的一个 10，总共八个 10，还有两个 1，即可得到 82 这个数。"

减法运算也按这个思路进行。

在学习 100 以内的乘除时，仿照拿低位的十个 1 构成高一位的一个 1 的道理（学生早已知道这一道理），就能使学生立即学会"竖式"和"角式"的笔算方式。

让我们引用一段课堂记录。

"学生对 6×16 这道题的做法解释如下。安德柳莎回答说：'16 由一个10 和六个 1 组成。我们先把个位数相乘。6×6＝36。我们把 6 写在个位数下面，而把三个 10 记在脑子里，把一个 10 乘上 6，得六个 10，加上那里还有三个 10，总共九个 10，九个 10 和六个 1 相加就是 96 这个数。'"

这里仍然遵循着从第一学年开始就应贯穿于算术教学的那个原则。学生做乘法时，先算个位数，后算十位数。当得到大于低位的十个 1 时，把它们转化为高一位的相应个数。

按我们的观点来说，在算术教学中有一点很重要，这就是学生**看得出**同一种算术运算的**各种不同的情况**。①

为了说明如何体现这一教学法观点，让我们摘引一段课堂记录。

女教师在课上向孩子们提了"两数相加会有哪些情况？"的问题，孩子们依次回答了这个问题。

列尼亚：给一个有个位数的数，加一个没有个位数的数②。例如，给 25 加上 30。

瓦利亚：给一个有个位数的数，加一个也有个位数的数。例如，给

---

① 可惜，供教师用的教学法参考书（例如，普乔柯、波利亚克、阿尔汉格利斯卡娅、娜希莫娃的参考书）不注意这种比较。

② 比较确切的说法是"加一个个位数为零的数"。 孩子们在这次课的后面的回答中也有这个问题。

35 加上 47。

热尼亚：有时一个数没有个位数，另一个数也没有个位数。

女教师：这样一些数相加可以怎么说？

热尼亚：整十位数相加。

维　佳：我们把都有十位数和个位数的两个数相加，得到的结果是几个整十。例如，28+42。

女教师：请举一些也是这种相加情况的其他例子。

米　莎：25+25。

鲍里亚：15+45。

萨　莎：36+54。

萨　莎：74+36。

女教师：萨莎，最后这个例子将得出什么总数？

萨　莎：我这个例子的总数超过 100 了。

女教师：你们对两数相加还知道有哪些情况？

萨　莎：有时给一个整十位数加上一个只有个位数的数，还有，有时给一个一位数加上一个两位数。

亚罗斯拉夫：给一个一位数加上一个一位数，得出的和不大于10。

维　佳：还有，有进到十位的。

在进行其他算术运算时，最好也进行比较。我们摘引一段课堂记录。

女教师在黑板上写两道题：80-6 和 80-57，并且说："你们认真看！把这两道题比较一下，它们有什么相同的地方？"

伊　拉：它们的第一个数相同。①

亚罗斯拉夫：这两道都是减法题。

女教师：在这两道题中，都是从什么数中去减的？

伊　拉：从没有个位数的两位数中。

女教师：这两道题之间有什么区别呢？

---

① 假如说得更确切一些，应是："它们相同的地方是它们各有一个同样量的整十位数。"

维　佳：在第一道题里，从一个没有个位数的两位数中，减一个只有个位数的数；在第二道题里，减的是一个有个位数和十位数的两位数。

然后，孩子们做这两道题，并且做出解释，说明每一道题是怎么减的。对第二道题的解释是（尤拉回答的）："我把80这个数看作七个10和十个1。从十个1中减去七个1，得三个1。再从七个10中减去五个10，得两个10。两个10和三个1相加是23这个数。"第一道题的做法的解释也类似。

后来女教师又问，第一道题的做法跟第二道的做法有什么区别？亚罗斯拉夫答道："在第二道题里，我们得进行较多的运算。"女教师再问："为什么？"亚罗斯拉夫解释说："因为在第一道题里，我们减的是一位数，只是个位相减。"

比较不同的例题及其做法，让学生弄清算术运算的道理和运算的特点，就能给学生很多知识。

如果局限于让学生学会计算方式，局限于弄清楚做某道题的过程，就像供教师用的教学法参考书①中所介绍的那样，这就错过了在学生的发展上努力下功夫的机会。他们在掌握一些计算方式的时候，并不细究它们的实质。他们把任务基本上归结为学会一些计算方式，很少留有对它们进行思考的余地。

其实，对同一种算术运算的各种例题的异同以及解题的过程进行观察，是学生智力活动的有益材料。这不同于小学传统的算术教学法所固有的那种片面侧重于训练计算技巧的做法。我们主张，掌握计算技巧要跟理解数和算术运算的特点紧密结合，而这在算术教学中占有很重要的地位。观察数与数之间的相互关系及其变化，思考用各种典型做法进行算术运算，都是为学生的思维发展服务的。

---

① 阿尔汉格利斯卡娅、娜希莫娃：《二年级算术课教案》，莫斯科，教育书籍出版社，1958年版。

第三节　进行算术运算时了解各种联系和依从性

现在我们转到下一个问题——**了解各种算术运算之间的相互关系。**

传统的小学算术教学法对这方面的问题没有给予认真的注意。例如，从参考书的作者们对乘法和除法同时学或分开学所持的态度中，就可看到这一点。普乔柯的教学法参考书中完全没有讨论这个问题，没有分析同时学和分开学的优缺点。参考书的作者仅仅做了简略的判断："乘法和除法可以同时学或分开学，即先学乘法，后学除法。分开学这两种运算，是比较合适的办法。"①由此可见，普乔柯偏重于分开学习乘法和除法。可惜，他只是这么断言，没有对此做任何说明。

在阿尔汉格利斯卡娅、娜希莫娃的参考书里，计划用 20 课时学习 20 以内的乘法（其中 3 课时用于复习），然后用 16 课时学习 20 以内的除法，但是提也没提要对这两种运算做任何比较。

其实，同时学习乘法和除法（以及加法和减法）在形成学生的数学思维方面有着重大作用。弄明白一些算术运算的互逆性，才能抓住它们彼此内在的相互关系中的各种因素。

根据上述理由，早在一年级时就应当这样安排算术教学，使有关的一些算术运算得以同时学习。

在二年级就完全可以引进"竖式"乘法和"角式"除法，可是按照传统的教学法，算术运算的这些方法要到三年级才初次出现。我们在这里所依据的是我们上面阐述过的那些原理。

用"竖式"做乘法和用"角式"做除法，跟用横式做这些运算相比，有可能使学生更加清楚得多地弄明白乘法和除法的互逆联系。此外，在这里可继续进行并且加深前面谈的那项工作：理解十进制计数法和位与位之间的相互关系。

算术的学习提供着大量材料，使学生领会到各种数学现象的特性以及它

---

① 普乔柯：《小学算术讲授法》，莫斯科，教育书籍出版社，1953 年版，第 185 页。

们之所以近似的共性。算术在这方面不同于自然这一类课程，它有着独特的条件。学生在观察自然界的各种事物时，看出每种事物的特殊性，并根据直接感知到的或直接看到的特征，把各种事物进行归类。学生在看出某些数学现象的特殊性并予以概括时，是用抽象思维思考的。

由此可见，教学安排得适当的话，算术是抽象思维的学校，在这里领会各种现象的特性及它们之间的共性，没有直接依靠直观形象。

因此我们要提一下关于术语的问题。按照传统教学法的习惯做法，三年级以前不安排讲解术语和定义，这是不合适的。①掌握术语，有助于学生从进行运算时遇到的某些数当中引出抽象概念，概括出算术运算中的每一个已知组成部分的特性。

在传统的算术教学法看来，运算结果对各组成部分的变化的依从性，不是小学专门学习的对象。这种材料只在五年级才提到。

例如，在五、六年级的算术教科书中有一章"运算结果的变化取决于已知数的变化"②，其中举例之后得出结论说："如果两个加数中的任何一个增大若干而另一个不变，那么和也增大若干。"对于和、差、积、商的其他变化也以同样方式得出结论。

我们不能同意到五年级才学习这种材料，因为它在小学阶段就可以而且应当学习。观察这些依从性，有助于思考数与数之间存在的**连锁**变化，为学生抽象概念方面的进步创造重要条件，因为学生确信，不管某种算术运算中使用的究竟是哪些数，这种联系始终是存在的。此外，学生还知道了这种联系的**必然性**（例如，假如两个加数中的一个增大 9，另一个减少 3，那么和必定是增大 6，而且只能是 6）。

我们的经验证明，早在二年级时，观察并理解这些依从性就是学生力所能及的。

让我们摘引课堂记录中的一些有关段落。

---

① 按照普乔柯、波利亚克的教科书的规定，上述术语要在学生开始学习三位数乘法时才讲。参见普乔柯、波利亚克：《算术（三年级教科书）》，莫斯科，教育书籍出版社，1962 年版。

② 舍夫钦科：《算术（八年制学校五、六年级教科书）》，莫斯科，教育书籍出版社，1962 年版，第 44 页。

女教师：如果两个乘数中的一个增大，积有什么变化？

鲍里亚：积增大。

女教师：如果两个乘数都增大呢？

尤　拉：积增大。

女教师：比我们只把两个乘数中的一个增大时更大吗？

尤　拉：是，更大。

女教师在黑板上写：

$$5 \times 6 = 30 \qquad\qquad 7 \times 6 = 42$$

女教师：在第一个式子中，我们把第一个乘数增大 2，积就增大了。在这个例子中我们看到了鲍里亚所说的：积增大。现在我们把两个乘数都增大，第一个乘数增大 2，第二个增大 3（在黑板上写：$7 \times 9 = 63$）。现在的积就比前一种情况，即比只增大两个乘数中的一个时更大（63和 42）。现在我们要把两个乘数都增大到若干倍（在黑板上写：$3 \times 4 = 12$，$6 \times 8 = 48$）。亚罗斯拉夫，你说积有什么变化？

亚罗斯拉夫：积增大到 4 倍。

女教师：为什么？

亚罗斯拉夫：因为我们把两个乘数中的一个增大到 2 倍，另一个也增大到 2 倍，所以积增大到 4 倍。

女教师：如果我们只把一个乘数增大到 2 倍呢？

亚罗斯拉夫：积增大到 2 倍。

通过观察算术运算中各组成部分的连锁变化，可以弄清楚所学材料各部分内在的相互关系。

女教师在课上提出下列问题："如果被除数减少到几分之一，商会怎么样？"被叫到的学生做了正确回答之后，教师要求举出这种相互关系的例子。加利亚举了这样的例子："$10 \div 5 = 2$，$5 \div 5 = 1$。"

弄清楚算术运算内部的依从性还可用别的办法。女教师一开始不要求抽象地回答问题。她要求详细考察：如果两个组成部分中有一个按一定方式变化，会发生什么情况。

女教师：科利亚，你说一说，如果我们把除数缩小，会出现什么情况。

科利亚：我们可用这样一个例子：$30 \div 6 = 5$。现在把除数缩小——$30 \div 5$，商是 6。除数再缩小——$30 \div 3$，得 10；$30 \div 2$，得 15。

女教师：你可以怎么说呢？

科利亚：除数越小，商就越大。

由于在这方面做过较为仔细的比较，学生就较为深刻地了解了算术运算中各个数的相互关系和进行这些运算的方式。例如，在三年级，要求学生比较这样两道题：$537 + 249$ 和 $537 + 242$。这时女教师问道："与第一道题相比，第二道题的计算特点是什么？"

还有另一些用于这类目的的例子。三年级的某一次课给了这样一道题：$258 + 321$。女教师提问说："这个例题中的两个数应当怎么变化，才能在相加时得出每一位数都大于十个 1？"

三年级的另一次课给了这样两道题：$683 + 741$ 和 $683 + 759$。作业的要求是：不通过加法运算就回答出其中哪一道题的和大以及大多少。在学生做出回答以后，要求他们对答案做出论证，也就是解释一下，他们依据的是加法的什么运算特点。

在算术教学中，应当认真注意某些数的相互关系中的**等值性**。这项工作应在一年级学生学习数的构成时就开始做，以后用各种愈来愈复杂的形式继续做。

让我们举一个有关的实例。它之所以令人感兴趣，还因为在这里表现出儿童独立地理解并运用等值性，是在教材根本没有指出这种现象的情况下做到的。孩子们过去通过比较简单的形式早已知道乘法和加法的这种相互联系。在某一次课上，女教师提问说："加法运算是不是都可以用乘法替代？"

针对这个问题教师提出两种情况让学生比较：一种情况是所有加数都相同，另一种情况是所有加数中有一个加数与别的不同（7+7+7+3+7+7+7）。孩子们说，在第二种情况下，加法不能用乘法替代，因为这里不是所有加数都相同。这时女教师问道："到底能不能比较简便地，也就是六个加数不逐个相加地做这道题呢？"孩子们提出了简便地做这道题的各种方案。娜塔莎提的是 $7 \times 6+3$，伊戈里提的是 $7 \times 7-4$。

伊戈里的方案与娜塔莎的方案是有本质差别的，代表了在数的运用方面的较高水平。娜塔莎把**实有的**所有 7 归纳起来，用乘法替代这些 7 的加法。伊戈里在现有的这个式子中"看见"还有一个 7，它实际上是并不存在的。这个 7"替代了"3，这样一来，就有可能把这道题里的**全部**加数纳入乘法的范围。

伊戈里提出的办法之所以出色，是因为他在头脑中做出了一个假设（设：7 代替 3）。这种操作包含在思维的发展总量里，是其重要的组成部分之一，它将参加论证、论理和其他种类的推理思维。不言而喻，这种操作是认识数的性质及数的运算、自觉掌握应用题的解法和计算的技巧等的有效手段。

应当专门谈一谈算术教学中运用**直观**手段的问题。采用哪些直观教具，它们在各种算术课上占什么地位，怎样利用直观手段，这一切都十分重要地决定着算术的学习在学生的发展方面的作用。

教学法参考书的作者们有时告诫说，在算术教学中不要过分迷恋直观性。例如，波利亚克编的教学法参考书中写道："在教学中运用直观性的时候，应当避免过分迷恋它，因为这会阻碍儿童的智力发展，会使他们的具体计数延迟向抽象计数过渡。"①

但是，这些原理说得非常空泛，所以人们仍然不知道，这个难以捉摸的"过分迷恋直观性"的说法究竟是指什么。在实践中运用直观性的情况倒是这样的：三年级教科书甚至在学生学习多位数的除法时，还提到一捆一捆的小棒。

---

① 波利亚克：《小学算术讲授法》，莫斯科，教育书籍出版社，1959 年版，第 20 页。在普乔柯的《小学算术讲授法》（教育书籍出版社，1953 年版，第 28 页）中有类似指示。

例如，在提出"600 是 200 的几倍？"的问题时，它是用图画说明的，图上把 6 捆小棒（每捆 100 根）画成 3 堆，每堆 2 捆。[①]如果进行多位数的除法还必须借助于小棒，这怎么向抽象计数过渡呢？

阿尔汉格利斯卡娅、娜希莫娃的参考书建议二年级算术教学要在每一节课学习任何内容时都运用直观教具（小圈、小棒等实物）。例如，这两位作者在谈到除以 3 的除法时，是这样建议的[②]（参考书里把这一课称作"加深整除的概念"）：

1. 教师为了讲解除以 3 的除法，叫 12 名学生站到全班面前，开始时站成一排，然后把他们按每组 3 人分（除）组。

在这个过程中，教师一边提问，学生一边回答：

——这一排学生共有多少？（12 名学生）

——我们是怎么分这些学生的？（分组，每组 3 人）

——共得几组或三人组的几伙？（4 组或 4 伙）

2. 教师接着在黑板上画 15 个小圈，将其 3 个 3 个地分开。把分和点数的结果写成：

15 个小圈÷3 个小圈＝5。

3. 此后，学生用自己的小棒，接着又用画图的办法，做教师出的除以 3 的作业。

——把 9 根小棒 3 根 3 根地分组，共得几组？把 15 根小棒按 3 根一堆分开摆，共得几堆？

——画 6 个小圈，把它们分成 3 个一堆，共得几堆？

然后用习题集上的插图做应用题。用小圈编制 3 的除法表（教师在黑板上画一些大型的小圈，相除，填表，学生把它抄在自己的练习本上）。

---

① 参见普乔柯、波利亚克：《算术（三年级教科书）》，莫斯科，教育书籍出版社，1962 年版，第 98 页。

② 阿尔汉格利斯卡娅、娜希莫娃：《二年级算术课教案》，莫斯科，教育书籍出版社，1958 年版，第 65-66 页。

教师在黑板上画一条 30 厘米长的线段，把它分成小段，每小段 3 厘米长；学生数出小段的数量，教师指定学生作答。然后学生用 12 厘米长的带子照这样做。在这之后做带图的应用题。

她们建议以后还按同一精神进行算术教学。例如，在二年级的课程中，两种除法的比较，用化成一个单位的方法做应用题，对比"把一个数增大若干和增大若干倍"的概念，解释乘法的交换律性质以及其他问题，都是在利用实物或实物图、小棒、纸条等的基础上进行的。

这样的算术教学会抑制学生的一般发展，并在顺利掌握数学的道路上设置障碍。上述教学方法不能系统地不断推动学生在抽象和概括的道路上愈来愈向前发展，反而人为地阻滞着学生的发展。

显然，这并不是说，在算术教学中应当一概拒绝运用直观手段。问题在于什么时候用直观手段是合适的，什么时候必须摒弃它。确定要用哪些直观教具和怎么用也同样很重要。

在学习 10 以内的数及其运算的时候，直观手段当然是有好处的。但是就是在这个阶段中也可以不用直观教具而广泛采用算术操作。当教师看到儿童能抽象地做习题时，直观教具就无必要。例如，在讲 10 以内的数的构成时，不用数的示意图或其他任何直观教具，儿童也能够说出数的构成的各种方案。①

不言而喻，教学从数的构成的直观表象开始，是完全应该的。适当的直观形象应当用来建立这样一个基础，以便从直接感知的数与数之间的关系中引出抽象的概念。

如果实现了这个要求，学习 20 以内的运算基本上可以不用直观教具。

下面可以举出我们实验中的一些实例。在我们班里学习除以 5 的除法时，一开始就不用直观教具。

---

① 传统的算术教学法就不是这样做的。例如，按照普乔柯、波利亚克的一年级算术教科书（教育书籍出版社，1962 年版）的规定，在学 10 以内的数的整个期间，学习数的构成都要用数的示意图、小棒、小方块、实物图等。伊格纳季耶夫、普乔柯、绍尔的教学法参考书《算术讲授法》（教育书籍出版社，1956 年版）也要求按这种办法学习数的构成。

女教师：请回忆一下，哪两个相等的数构成 10？

热尼亚：5 和 5 构成 10。

女教师：如果把 5 扩大到 2 倍，得多少？

维　拉：得 10。

女教师：如果把 10 分成两等份呢？

维　佳：每一份是 5。

女教师：你们想一下，我们用五等份构成过 10，这是哪些数？

尼　娜：我们用的是 2、2、2、2、2。

女教师：对，如果每次拿 2 个，拿 5 次是多少？

尼　娜：是 10。

女教师：如果 15 除以 5，是多少？

尼　娜：是 3。

女教师：如果我要求 3 的 5 倍，那么它是多少？

热尼亚：是 15。

女教师：如果 15 除以 5 呢？

热尼亚：是 3。

　　女教师没有把直观教具作为学习每一个新问题的必要因素，而是在确实有需要的时候才利用直观手段。当学生对掌握算术运算感到有很大困难时才有这种需要。困难可以从学生所犯的错误中十分明显地看出，这也证明学生对正在进行的算术操作的理解有着这样或那样的缺陷。

　　例如，在上面引过一段课堂记录的那次课上，有一名学生——热尼亚不能抽象地回答"如果我们把 10 分成五等份，每一份是多少？"的问题。于是女教师直观地在黑板上进行图解，把 10 分为五等份。她写出"（2）（2）（2）（2）（2）"，并且说："第一份，第二份，第三份，第四份，第五份。"女教师在这里用的是数与数之间的关系的图解表示法。

　　在许多情况下，在一年级运用小圈和与它类似的学习用的实物，要结合利用图解表示法和符号等。在二年级，更不用说在二年级以后的各年级里，应当完全不用小棒、小圈、小方块等这类直观教具。应当利用类似上述的那种图解表示法，使图示逐步占有愈来愈高的地位。

＊　　　　＊　　　　＊

小学算术教学的全部内容①介绍如下。

<h2 style="text-align:center">一　年　级</h2>

数和数数，它们的意义；数目字。

数序；相邻的数之间的相互关系；顺数和倒数。

数的相等和不等；等号和不等号；"大于""小于"的概念及相应符号。

"测定重量"的概念；秤；千克。

实验性作业：过秤（各种重量）。

直线；线段；线段的相等和不等。

实验性作业：测量已知线段（用米、分米、厘米）；作已知长度的线段；用眼估计确定线段的长度并进行测量验证。

10 以内的数的构成。

加法；加数；和（术语）。

加法的交换律（定义）；这个规律用代数式表示的公式。

实验性作业：测量容器的容量（各种方案）。

减法；加法跟减法的联系（减法的有关定义），代数式表示的公式。

被减数；减数；差（术语）。

实验性作业：线段的加减，用两根直尺进行加减运算。

10 以内的加法表和减法表。

两位数；位（术语）。

读数和写数。

两位数和一位数的相互关系（进位加法和退位减法）。

无进位的加法和无退位的减法。

零；与零相加。

---

① 这份教学大纲的一、二年级部分，曾于 1961—1962 学年和 1962—1963 学年在加里宁和图拉一些学校的 30 个实验班中试验过。它的三年级部分，曾在莫斯科第 172 学校中局部试验过。

加法和减法的双重意义（增大和缩小若干）。

乘法，它相当于把一个数作为加数重复相加的运算，相加的次数与另一数相等。

实验性作业：将线段乘以整数。

乘数和积（术语）。

乘法的交换律（定义）；这个规律用代数式表示的公式。

乘以 1 的乘法。

除法，它相当于在有两个乘数的积和其中一个乘数的条件下求另一乘数的运算。

被除数；除数；商（术语）。

实验性作业：将线段除以整数。

20 以内的乘法表和除法表。

100 以内的数；读数和写数。

无进位的加法和无退位的减法（"竖式"演算）。

差数的比较。

实验性作业：测量实物（教室、课桌、书和练习本等）的长度；相应的对比，使用卷尺。

进位加法和退位减法（"化位"）。

加法和减法的验证。

表内的乘法和除法。

直角；长方形；长方形的某些性质，长方形的面积及其周长。

实验性作业：按已知边作长方形，计算长方形的面积及其各边的和。

口头计算（在整学年内进行）。

二 年 级

100 以内的表外乘法和除法（"竖式"演算）。

乘法和除法的验证。

零的乘法和乘以零。

整除和分成几部分。

倍数的比较。

1000 以内的数；新位的出现，三位数和两位数的相互关系（加法和减法的有关情况）。

罗马数字。

三位数的加减法。

整数和分数；分数的分母和分子；分数的加减法（最简单的例子）。

圆；半径；圆弧；圆心角；弧度和角度；量角器；锐角和钝角。

实验性作业：用量角器测角和画角。

时间单位；关于计时单位的换算的某些知识。

实验性作业：读出时间，计算（各种方案）。

在下列情况下，和的性质：给各相等的数加上相等的数；给各相等的数加上不等的数；给各不等的数加上不等的数。

差的性质（与和相减；从和里减去）。

俄式算盘，读出算盘上的数。

实验性作业：用算盘做加减法。

两位数和三位数乘以一位数。

三位数除以一位数；带余数的除法。

长度单位演变的某些知识；长度单位表。

室外实习作业：测距离。

重量单位演变的某些知识；重量单位表。

实验性作业：测重量。

单名数和复名数；名数的换算——化小和化大。

算术平均数。

实验性作业：计算算术平均数。

图表。

实验性作业：画图表。

正方形；正方形的某些性质。

面积的计算单位；乘方表。

求平方。

室外实习作业：测量长方形的草地。

口头计算（在整学年内进行）。

三 年 级

百万以内的数。

读数和写数。

位和节。

四舍五入得出的近似数。

乘以一位数和两位数的乘法；除以一位数和两位数的除法。

乘以三位数的乘法和除以三位数的除法。

运算顺序和括号。

方程式；解最简单的方程式。

正数和负数；数轴；相反的数。

实验性作业：画曲线图（例如，温度曲线图）。

各种名数的运算。

数量之间的最简单的依从性；正比关系和反比关系。

实验性作业：画正比关系曲线图。

加法的结合律；它用代数式表示的公式，运用这个规律。

乘法的结合律；它用代数式表示的公式，运用这个规律。

乘法对于加法的分配律；它用代数式表示的公式，运用这个规律。

运算结果的变化取决于已知数的变化（总结）。

计算器；读计算器上的数。

实验性作业：用计算器计算。

各种进位的计算法；五进位制，它与十进位制的对比。

实验性作业：在十进位制改为五进位制条件下，数的改造。

口头计算（在整学年内进行）①。

---

① 应用题的解法没有被列入本教学大纲，因为这部分内容需要专门进行探讨。

第六章　劳动

劳动教学在实行小学教学的新教学论体系中占有特殊地位。劳动操作的特点是脑和手的活动的紧密结合。因此，这里提出了一个新的极重要的教学内容。

不能把劳动教学归结为训练学生具有一定的技能技巧。当然，这项任务应该得到它应有的重视和地位。但是，这里有一个极其重要的问题：掌握劳动操作可被纳入什么样的教学体系里以及被纳入之后又如何影响操作的选择、连贯性和学习方法？

在现行的小学教学体系中，手工劳动其实也同其他课程一样，被看作五年级和以后各年级的学习之前的准备阶段。罗扎诺夫和扎维塔耶夫合著的参考书中写道："小学的手工劳动是以实施综合技术教育为目的的、对学生进行劳动教育和教学的体系中的初级阶段。手工劳动是为到五至七年级时在教学车间和教学实习园地中从事实习活动做好准备，是为在高中阶段学习生产的科学原理做好准备。"[①]

当然，这些任务有重要意义。但是，正如对待其他学科一样，对手工劳动也要提出一个问题：在小学里安排劳动，其目的仅限于此吗？

教学法参考书中泛泛地提到，手工劳动与其他学科一样，是发展儿童的智力和体力以及道德教育的重要手段。[②]

书中还提到："为了发展儿童按计划进行工作的技能，应当逐步引导他们思考并集体讨论物品制作的顺序，弄清楚工作中需要哪些材料和工具以及

---

① 罗扎诺夫、扎维塔耶夫：《二年级手工劳动课》，莫斯科，教育书籍出版社，1958 年版，第 3 页。

② 同上书，第 4 页。

需要多少。"①

上述原理说的是对的，但是最重要的是在劳动教学过程中把它们**实现**。遗憾的是不得不指出现实中的情况：它们要么是完全没有实行，要么是很迟而且并非始终一贯地实行。

我们可以拿劳动课上教学生学习做计划这件事为例。在二年级制作全班收藏物品的小格子箱时，在讨论了工作的先后次序之后，教师把制作顺序写到黑板上。孩子们按这个计划制作。

在制作分发"蔬菜"种子的小盒子时也是这样做计划的。②

初看起来可能认为学生的独立性在课上得到了发挥，可能认为他们是在计划面临的工作。但是，如果比较深入地细想并分析这种上课进程，那么十分明显，学生在这里并没有独立地做计划。据这本参考书说，先是学生说出自己的意见，然后教师选出正确的答案并把它们逐步写到黑板上。可是，最重要的是由学生对他们提的工作方法和程序**说明理由**，而在有错误时由学生揭示其错误。

在教学法参考书中介绍的教学生做计划的方法中恰恰没有这一点。参考书中正确的一点是，在一定程度上引导学生讨论面临的工作。但是它未能真正考虑工作的进程。教师从有对有错的大量答案中做出选择，学生按教师写在黑板上的计划执行，这跟按教师授意的各种操作步骤制作物品是一样的。差别只在于用黑板上写出的指示代替了口授的逐步指示。③当然，这种差别有其对的地方，但是并没有使劳动教学法得到重大改善。

关于这一点，上述教学法参考书的作者提供的解释可以作证。请看制作分发"蔬菜"种子的小盒子的上课进程是怎么叙述的："**上课进程**。教师向学生介绍这一节课的计划。然后，教师逐步演示工作方式，在证实学生听明白他所讲的内容之后，才能让学生独立摆弄制作小盒子的纸张，然后裁剪和

---

① 罗扎诺夫、扎维塔耶夫：《二年级手工劳动课》，莫斯科，教育书籍出版社，1958 年版，第 6 页。
② 同上书，第 44—47 页。
③ 分步骤的劳动教学法和教师特殊"指点"的缺点，理所当然地遭到了许多作者的批评（斯卡特金、古里亚诺夫、别连卡娅、顿科诺加娅等）。

粘贴小盒子。"[1]可以看到，学生独立性的因素少得非常可怜。这样极少量的独立思考，既不可能稍有成效地促进学生的一般发展，也不可能促使学生通过理解掌握劳动动作。

*　　　*　　　*

现行的劳动教学法中明显突出的一点，是俄语、算术及其他学科教学法所固有的那种特点，那就是对小学生的能力估计得非常不足，把记住或掌握教师所说的话作为主要的教学原则。

我们得到的事实证明，在全部小学教学（其中包括劳动教学）按实验安排的条件下，面对二年级学生已能进行的操作，对于传统体系下的同龄学生来说，他们是无能为力的。

从后面的叙述（见本书第八章）中可以看出，在**计划**面临的工作方面，实验班学生比他们对照班的同龄人更有优势。有些事实可以说明在某物品的制作过程的其他方面，这些事实也是非常典型的（布德尼茨卡娅的研究成果[2]）。让我们简略地谈一谈做一个厚纸盒的过程中必须运用到的制作半成品的技能。[3]

每名学生得到一个甲种样品，必要时还可得到一个乙种样品。

第二种纸盒（乙种样品）不同于第一种纸盒（甲种样品）的地方，是纸盒上面有折纸造成的一些辅助线。这些线条能帮助学生找到完成作业的方法。第一种纸盒上没有这些线条。制作纸盒的全过程要求分五步操作：1. 做成正方形；2. 折边；3. 切割；4. 折纸盒；5. 粘纸盒。

教师曾备有一些半成品，它们依次包含第一步、第二步和第三步的操作。一号半成品是一个正方形（第一步操作），二号半成品是一个折了边的正方形（第二步操作），三号半成品是一个折了边并切了口的正方形（第三步操作）。

---

① 罗扎诺夫、扎维塔耶夫：《二年级手工劳动课》，莫斯科，教育书籍出版社，1958 年版，第62 页。

② 这项研究成果在《学生在教学过程中的发展（1—2 年级）》一书中有详细说明。

③ 实验班和对照班都是第一次做纸盒。在向学生详细分析作业时曾用了下列著作中的指示语：Н. Д. 日尔基娜、В. Ф. 日尔基娜：《小学的手工劳动》，莫斯科，教育书籍出版社，1958 年版。

学生各自做纸盒的过程如下：教师发给每个学生一个甲种样品和一张一定尺寸的长方形厚纸。同时向学生指出："仔细看这个纸盒，做一个跟它完全一样的纸盒。"如果学生觉得有困难，给他一个乙种样品。如果这时学生仍有困难，给他一个一号半成品。视需要发给学生二号和三号半成品。

下列事实非常重要：实验班中有75%的学生在仔细看了向他们展示的样品之后，就做起纸盒来了，所以无须给他们发半成品。这说明学生在看了成品之后就能够想象出纸张的大小和形状应当是什么样的。这时当然是最简略地把要点突出出来，但这种要点对任何独立制作物品的过程来说，都是很重要的。为了做出成品，必须做出半成品，它要符合劳动操作的结果应当呈现出来的那个物品的特点。

对照班的绝大多数学生不能做出半成品这个事实，说明了他们的实践能力的发展水平。

在工作结束时，每个学生应做出说明，他是怎么做盒子的。这样就能够判断出，学生对自己的操作的某种顺序**理解**到了什么程度。

在实验班里，83%的学生不仅能说出他们进行过的操作的名称，而且能正确指出每步操作在一系列操作中的地位。因此可以得出结论，实验班学生对自己进行的操作是**理解**的。

科利亚在做好盒子之后说："开始要做成一个正方形。然后把它对半地折一下。然后展开并从另一侧也对半地折一下。然后要把这一侧对准中线折起来，把另一侧也对准中线折起来。这时我们应把角上的小正方形切割一下，两个小正方形顺一条线切割，另两个顺另一条线切割。这时要在所有小正方形的背面涂上糨糊。然后要把第一个小正方形对准第二个小正方形折起来，在另一条线上也这样折起来并且粘住。另一侧也这样做。小盒子就做好了。"

在对照班里只有40%的学生能对进行过的工作做出正确的口头报告。对照班的大部分学生在叙述他们如何做成纸盒的时候，说漏了某些操作。

完成作业的结果如何呢？在实验班中，70%的学生做出了完全符合样品的小盒子，而在对照班中这一比例只有25%。

还应当对实验班和对照班的学生用于完成作业的时间做一比较。可能会有疑问：实验班学生的工作质量高，是不是因为所用的时间比较多？完全不是这样，相反，这个班的学生比对照班同龄人所用的时间要少得多。平均每人所用时间是：在实验班里是 17 分钟，在对照班里是 23 分钟。

值得注意的是，就制作纸盒所必需的技术性技巧的水平来说，这两种班的学生之间没有什么本质的差别。详细分析学生进行操作的情况可以证明，所有学生都会做纸工作业，也就是都会折纸，会按一定的线条切纸和粘贴。实验班和对照班学生之间的主要差别是在以下几个方面：对面临的物品制作任务**做出计划**，在完成作业过程中进行**自我检查**，**理解**他们所开展的活动。劳动作业进行过程中的这些共同的主要环节，能够说明实践能力的发展的特点，在一定程度上也能说明儿童一般发展的特点，在这些主要环节方面，明显的优势都在实验班学生这一边。

总之，在学生的一般发展上能达到出色效果的小学教学体系，对小学的劳动完全有可能做出这样的安排，这种安排在传统教学体系下被认为是行不通的。

＊　　　　＊　　　　＊

劳动的安排应当符合小学教学的整个新教学论体系特有的那些原则（见本书第一章）。在这里我们不可能详谈劳动教学的方法，可以利用一些实例，它们涉及上面阐述中提出的那些问题。

我们引用一段有关的课堂记录（二年级第一学期）。

女教师在讲清楚当时要做的灯笼是由几部分组成的之后，问道："我们怎样做这个灯笼呢？"

鲍里亚：必须做好一个主体。把一张纸卷起来粘成一个筒。

热尼亚：应当知道尺寸。

女教师：很好！热尼亚。

女教师：主体之外还应做什么？

科利亚：要剪两张圆形纸。

女教师：把圆形纸整个儿粘上去吗？

科利亚：留下一条，把中心剪掉。

女教师：你怎么把它粘住呢？大家注意，科利亚说："剪个圆形，再把它的中心剪掉。"（在黑板上画出来）可是这怎么能粘住呢？

科利亚：折过来再粘住。

女教师：这叫我们怎么折？纸会被撕破的。

安德柳莎：剪一个圆，中间这样（做手势）剪。

女教师：我不明白，来，把它画出来！

安德柳莎在黑板上画。

女教师：知道了，你要把中心剪成一条一条的，把它们折过来粘到筒上去，是吗？孩子们，你们看！（在黑板上画出来）

尤　拉：可以不要圆形纸。把一张纸条对折一下，然后把一面剪几刀再粘住。

女教师：怎么做比较好——按安德柳莎提的那样剪呢，还是按尤拉提的？

孩子们的意见有了分歧。

女教师：剪一张纸条比较好——我们的纸不多！而且这样做简单得多。

女教师没有用只剩下执行的做指示的办法。她提出一些要求思考和讨论的问题，当孩子们提了不合适或不明确的建议时，把不合适的地方指出来，从而促使学生继续寻找。

很重要的一点是，要使学生**了解**他们正在掌握的劳动操作。而且，凡是可能的地方，应该让学生自己做出努力去了解整个劳动过程以及各项操作。女教师自己不应当急于说出劳动动作的"机制"，而应该坚定而巧妙地指导学生的思想活动，使学生尽可能**独立**地看清他们正在进行的动作。

下面摘引一段学习一种新的缝法——"细密缝法"的上课记录。

女教师：现在我再给你们看一种缝法——"细密缝法"（给每行学生发一些这种缝法的样子）。你们把它仔细地看一看，想一想，它是怎么缝成的，它跟"回针"的缝法有什么不同。

孩子们察看样子，在行内传递。

有人说出声来：我知道了！我已明白了！

维　拉：从反面看不像用机器缝的！

米　佳：这是牢固的缝法，口袋是这样缝的。从这样缝的口袋里什么也漏不出去。

女教师：那么有谁知道"细密缝法"跟"回针"的缝法有什么区别？

尼　娜：在这里针脚距离小。第一个针脚与第二个针脚都一样。

女教师：对，还有什么区别？

奥克萨娜：当我返回来的时候，我把针从原来的缝眼里穿过去，不从半个针脚处穿过去。

女教师：真聪敏！

加利亚：它像"走针"一样缝。我们先留下针脚间的空当，随后我们把它缝满。

有些活动，儿童在进行的过程中能发挥出自制力、发明才能和独创性，这类活动是最有价值的。用各种颜色的线编织小毯子（二年级）可作为这类活动的例子。按照教学法参考书①中介绍的示范教案，教师先把绣架拿给孩子们看，然后亲自编好基线，再织两三条纬线。我们认为，在这样讲解这个劳动过程的情况下，劳动教学的因素中所包含的可能性完全消失了。在实验班里，这项工作不是这样进行的。

发给每个学生一个钉有许多小钉子的木框，学生自己拧紧基线，然后用各种颜色的线织出小毯子。每人自己思考用各种颜色的线组合成独特的花纹，结果编出了许多美丽的小毯子，其中体现出孩子们各自的构思。这对于培养坚定性、自制力、做事有始有终，都是一种很好的方式，此外，还可培养儿童的发明才能和审美能力。

---

① 参见罗扎诺夫、扎维塔耶夫：《二年级手工劳动课》，莫斯科，教育书籍出版社，1958 年版。

在掌握劳动技能技巧的过程中提高学生的独立性的一些问题，在许多研究著作中都曾提到并在一定程度上有所解决。这些著作说明了小学生完成劳动作业的特点，提出了一些重要建议和指导性意见，还提到在劳动课上培养时间观念这一令人感兴趣的问题。[①]

尽管这些问题都很重要，但是这一切只是劳动教学本身的一些问题，并不涉及小学的整个教学体系。当然，在劳动教学中有了这些改进的话，其效果是会有所改善的。可是这并没有解决下列主要问题：劳动教学这门重要课程在小学教学体系中的地位以及由这个体系所决定的这门课的性质。

*　　　*　　　*

按照本书所讲的那样理解小学教学，应当使学生知道最简单的、一般的、他们容易了解的**劳动的概念**。他们掌握这个概念首先是通过实践。

但是，只有在下列条件下，掌握劳动动作才能起到它本身的作用，这个条件是：在安排教学的时候，要使实现既定任务过程中的深入思考和坚定性、克服困难而产生的满足感都有其应有的而且是愈来愈高的地位。因此，正如从前面的叙述中可以看到的那样，劳动教学的方法问题是如此重要。在按照我们上面简述的那样安排小学劳动的条件下，学生在自己的实践过程中得以亲自证实：劳动，尤其是创造性的劳动，是脑和手的活动的紧密结合。

然而，就这项任务来看，应当研究的不仅仅是一个方法问题，还有教学内容的问题。

《八年制学校教学大纲（小学）》中所列的小学劳动有以下几种：自我服务、日常生活的劳动、缝纫、绣花、泥工、各种纸工、技术模型、农业劳动。此外，三、四年级还规定有校内、集体农庄（国营农场）内以及附近地区的公益劳动。

---

① 参见索罗基娜：《劳动课上发展学生的独立性》，载《小学的教学和教育问题》文集，莫斯科，教育书籍出版社，1960年版；顿科诺加娅：《谈谈四年级劳动课上发展学生的智力积极性和独立性》，载《小学教学过程中的教育与儿童的发展》文集，莫斯科，俄罗斯联邦教育科学院出版社，1960年版；索罗基娜：《谈谈劳动课上培养时间观念的问题》。

技术模型只在四年级才做，而且分量很小（全年总共 14 学时①）。

教学大纲中包含各种劳动这一点是正确的。但是，如果把教学大纲的主要部分，也就是把制作各种物品这一部分仔细分析一下，我们可以看到，学生在四个学年期间所做的几乎只有各种纸工和布工。只是在四年级制作技术模型的时候，才极其有限地用到其他原料：胶合板、小木板、细铁丝、马口铁、塑料。

这样安排劳动教学有片面性的缺点。教学大纲中提到的用于在四年级制作技术模型的那些原料，应在二年级就开始使用，之后应逐步扩大范围并得到更复杂的使用。

开始制作技术模型和简易模型的时间应比教学大纲中规定的早得多，并应安排更多的学时。既然我们建议在小学里要学习物理学的某些基础知识（见第七章），那么在劳动课上就应该做相应的实验性作业，其中包括用构件组装模型。

在恰当地安排教学的条件下，学生借以获得劳动的概念的实践过程，贯穿着认识活动。同时，在劳动教学过程中应当十分重视劳动教学的认识方面，把它看作劳动教学的一个独立组成部分。在小学劳动问题的参考书中，提到了劳动教学与其他学科的联系，提到了参观。②这当然是正确的。但是，为了使学生广泛而多方面地认识劳动，不仅应该使参观以及劳动教学跟其他学科的联系占有更加高得多的地位，而且应当从根本上改变这种联系的性质本身。更确切一点说，在这里应当考虑的事情，比保证各科之间的联系重要得多。劳动是这样的重要渠道之一，通过这一渠道，小学生应当形成对周围世界的态度。因此，在各门学科——俄语、算术、自然、地理、历史、图画的教学中，能体现出一个人**对劳动的认识过程**的各种渠道都应该贯通。

不得不强调指出，根据这种观点来看，对《祖国语言》课本中的阅读材

---

① 参见《八年制学校教学大纲（小学）》，莫斯科，教育书籍出版社，1961 年版，第 156 页。

② 参见罗扎诺夫、扎维塔耶夫：《二年级手工劳动课》，莫斯科，教育书籍出版社，1958 年版；顿科诺加娅：《谈谈四年级劳动课上发展学生的智力积极性和独立性》，载《小学教学过程中的教育与儿童的发展》文集，莫斯科，俄罗斯联邦教育科学院出版社，1960 年版。

料应予以根本的改革和更新。现有的课文适用于学龄前的儿童，却被错用到小学生身上了。与这种做法相伴随的是，反映人们的劳动的大部分课文是在做空洞的说教，内容抽象而贫乏。不言而喻，应当更多地重视现代的生产和技术。

最紧要的事情不是仅仅做些个别的改进，而是改造看待小学劳动教学的观点。这种改造的方针，我们在上面已经明确说过。那样做才会真正实现培养学生共产主义劳动态度的任务。因为劳动教学如果安排得恰当，进行其他教育的机会是很多的。

人们在谈论小学生形成初步的共产主义劳动态度的时候，往往会提许多建议，诸如爱护工具、节约材料、认真地对待各项任务以及以集体形式进行工作等。建议在参观生产单位、与其先进生产者会面的时候特别注意相应的情况。这一切当然都是必要的。但是，通过这些**个别的**因素并不能培养出所指望的劳动态度。

第七章　历史、自然和地理

第一节　历史

众所周知，历史不能简化成各种事件按其年代顺序排列的清单，这是毫无疑问的。最重要的是揭示各种事件之间的内在联系，阐明后来的事件受着以往事件的制约，体现历史变迁的动力。 历史的变迁是历史课程学习的对象。

小学历史教学的任务如何确定呢？卡尔佐夫的教学法参考书中对历史教学的任务是这样说的："……向学生讲解某些最重要的历史事实，使小学生建立许多历史表象并形成一些他们能够理解的概念和思想，用以引导学生按正确的马克思主义观点解释过去和现在的某些现象。"①在这里，关于应当引导学生按马克思主义的观点解释现象的指示很重要。这一指示要求比较深入地学习历史，不要满足于叙述事件并记住其年代顺序。然而更为重要得多的事情是：确定小学中的这种"引导"应当包含什么。

教学法参考书一直强调小学历史教学的入门性。例如，我们引用过的卡尔佐夫的那本书里就说："小学生学习本国史不能离开入门的任务，也就是说，这种学习应当使小学生做好准备，以便在中学里有理解地感知和掌握历史课程。"②

在小学里学习历史，当然应该使学生做好准备，以便进一步掌握历史材料。但是应当弄清楚，"做好准备"这个词语包含的是什么内容。本来，学生如果学习古代史，这无疑是以后学习中世纪史的一种准备。非常明显，这

---

① 卡尔佐夫：《小学历史讲授法》，莫斯科，教育书籍出版社，1959 年版。
② 同上书，第 11 页。

个词语用于小学有着别的含义。苏联史课程是要在中学里学习的，这说明在这里所说的，不可能是关于古代史和中世纪史的课程，也就是关于某些时期的连贯性所考虑的那种"准备"。那么，小学里的"准备"究竟是指什么呢？它只可能解释为：积累一些在以后学习苏联史系统课程时有用的表象和概念。

这种积累当然也是必要的，但是它不是主要任务。极端重要的是形成**历史思维**的一些要素，也就是学会用变化、发展的观点看待各种现象。讲授历史基础知识的这种方针，当然要运用一定的材料，而不能在"真空"中贯彻。这种材料也是学习和掌握的对象，但是核心不是记住一些历史事实和日期。

全部小学教学的一项最重要的任务，根据我们对它的理解，应是用广泛而多方面的材料使儿童得到关于周围世界及其变化的一般观念。

在实现这一任务的过程中，历史课有着特殊的地位。用历史材料比用其他任何材料更有可能呈现出人们社会生活中的变化及其发展的思想。

现在的《祖国语言》课本和四年级苏联历史课本中含有的历史材料是否能满足这些要求呢？不能，无论如何也满足不了，不但满足不了，甚至构成了完成上述任务的障碍。这种材料的特点是支离破碎。在这里一点也没有清晰地表达出关于人们社会生活中的变化的思想。此外，含有历史内容的文章和故事的语言显得贫乏而且枯燥。一些事件的叙述很简略，有时是提纲式的。可是要知道，这种叙述方法**不但不能**缓解理解的困难，反而使人难以理解。

四年级历史课本要求保持一门课程的结构，这门课程本来应研究从古代到现代的苏联史，但是因为在四年级完不成这项任务，结果没有成为苏联史的课程，而成了一些残缺不全的片段，这跟发展的思想是根本矛盾的[①]。

在小学里学习历史材料可以做何设想呢？这个问题应当详细探讨。现在我们就想说一些想法，它们具体反映了上面讲过的学习历史材料的方针，并

---

① 上面提到过的卡尔佐夫的那本著作也丝毫没有改进这种情况，因为在那本著作中没有指出教师应注意我们上面说的那种方针。

且是建立在我们实验的基础上的。

为了让学生领会人们社会生活发展的思想，必须详细研究**某一个**对象。在学习本地历史的基础上，利用本地的古迹、博物馆的陈列品和民间的口头创作等，可以做到这一点。

在我们位于莫斯科的学校的实验班里，学生学习了莫斯科从建立到现在的历史。

因为其他城市和农业地区的历史资料不可能像学习莫斯科史时那样广泛，最好找出一个对所有学校普遍适用的问题，并把它跟本地的历史结合起来。究竟提出什么样的普遍适用的问题，必须考虑思想政治教育以及学生的发展和以后进一步掌握历史知识等方面的任务，然后再做出决定。

我们认为，被剥削阶级反对剥削阶级的斗争史可以作为这种共同适用的问题。如果决定要这样做，就必须编写出相应的历史阅读课本。

在一、二年级就应当教一些从古到今的关于人们的社会生活、风俗习惯和技术方面的初步知识。这可成为三年级按我们的上述方针学习历史材料的基础。

在一、二年级讲初步的历史知识时，还应当注意讲清楚某些方面的变化，不要采用互相没有内在逻辑联系的事实而使精力分散。例如，可以讲清楚农业劳动工具的演变、交通和通信工具方面的进展等。

不应当把历史观点仅仅用在人们生活的一些知识上，应当把它扩大用于自然界以及其他现象。在学习自然和地理的过程中，应当向孩子们指出：非生物界和动植物界的发展已经经历了若干万年的时间。

发展与变化的观点也应适当地渗入俄语和算术等其他学科。例如，反映某些俄语词语的起源的事例，讲一讲是有益的。在算术课里指出时间单位的演变等也很有好处。同时也不妨讲一讲数和计数的历史方面最浅显的知识。

总之，凡是有可能做到的地方，凡是能把历史观点有机地融入课程学习的地方，都应该把现象置于它的变化之中去研究。这是为了把周围世界的景象以其真正的面目呈现在学生的面前，这是非常重要的。

第二节　自然和地理

教育思想的许多先进代表早已高度评价过小学教学中的**自然知识的作用**。因为讲授自然知识能以各种自然现象及其相互间联系的知识丰富学生的智慧。学习自然知识对学生的发展有很多好处。

乌申斯基曾写道："……为了发展儿童的思维和语言的逻辑性，我们再也不可能找出比博物学中的事物更加有益的东西了。自然界的逻辑是儿童最容易了解的逻辑，因为它是看得见的，确凿的。任何一种新的事物都有可能几经比较而锻炼思考力，把新概念纳入已经学到的概念的范围里，把学到的各种事物归类。任何一种实际的现象也为儿童的逻辑提供了一次极好的锻炼。儿童在这里可以直观地而且实际地掌握各种逻辑概念：原因、结果、目的、效用、结论和推理等。"[1]

现在的教学法参考书中也提到了自然知识对小学生的发展的意义。

自然课对于培养学生的情感及个性的其他方面提供了很多条件。了解自然界的规律，了解人对自然界的改造，对于确立唯物主义世界观有很大好处。

上述任务可以在不同程度上用各种形式完成。现在往往借口小学年龄段的儿童的潜力有限，满足于最低限度地完成这些任务。但是，有可能在更加高得多的程度上完成这些任务[2]。

在现行的小学教学大纲中，对于在一至三年级学习自然知识缺乏一定的要求。只有俄语教学大纲指出配合讲读课应开展参观、实物课和观察活动[3]。

规定范围内的知识十分贫乏而且原始。让我们以植物知识为例。在一年级教学大纲中，这一部分仅限于观察自然界的季节变化，识别一些树木（桦

---

[1]　乌申斯基：《乌申斯基全集（第五卷）》，莫斯科-列宁格勒，俄罗斯联邦教育科学院出版社，1949年版，第340页。

[2]　斯卡特金：《小学自然课教学法》，莫斯科，教育书籍出版社，1948年版；马尔金：《小学自然知识讲读课》，莫斯科，教育书籍出版社，1957年版。

[3]　参见《八年制学校教学大纲（小学）》，莫斯科，教育书籍出版社，1961年版。

树、椴树、橡树、槭树、杨树）和照看一些室内的植物。乔木和灌木的区分、阔叶树和针叶树等问题，被放在二年级里讲。

识别树木可以增加学生的表象并使之精确，但是对于智力活动，对于培养学生的思维，很少提供养分。同时，单纯识别树木的外形，不包含概括，而概括才可以引导儿童科学地了解植物界。推迟做这种概括，把它放到以后的年级里去，是不合适的。这种拖延的做法本身，一点也没有正当的教育科学根据。

当谈到小学里的自然课教学的时候，通常强调关于自然界的表象和概念必须有条理而且精确。当然，把儿童在校外获得的表象和概念整理就绪，在一定程度上使之系统化与精确化，这些都是必要的。可是，把完成这类任务跟讲授新知识截然分开是没有根据的。应当从儿童的学校教学的初期开始就用新知识充实儿童的头脑，并把这项工作系统地进行下去。当然，讲解新知识应当立足于儿童原有的知识。这是普通的教学常规，它在小学里也必须得到遵守。

主要的问题是，在小学阶段开展参观、实物课和观察活动的时候，完成什么样的教学任务。《八年制学校教学大纲（小学）》中说，在一、二年级里，自然知识内容的题目按季节原则安排，并说这样安排可能便于组织学生观察自然现象。教学大纲中还说，要使学生在讲读课的教学过程中熟悉自然界，使他们产生对周围现实的事物和现象的鲜明表象。[1]

这一切当然都是必要的。但是，如果注意到本书阐述的小学教学新体系，就不应满足于观察以及关于自然界的某些片断的书本知识。顺便说说，进入一年级的儿童已经拥有相当丰富的观察结果和通过听故事与阅读得到的知识。儿童在幼儿园里从小班开始就观察植物及其生长情况，观察家畜及野兽。[2]在家里养育的儿童也见得到并从长辈那里听得到许多东西。

在小学里，依靠儿童现有的表象和书本知识，有可能而且应该向他们提供关于自然界的完整表象，并且使之愈来愈充实。为了形成这种完整的

---

① 参见《八年制学校教学大纲（小学）》，莫斯科，教育书籍出版社，1961年版。
② 参见乌索娃编：《幼儿园作业》，莫斯科，俄罗斯联邦教育科学院出版社，1954年版。

表象，最好是既做到不断认识新事物，同时又做到使原有的知识越来越深化。

由此产生了一个问题：自然知识的材料按照现在这样安排是否合适。在一至三年级，儿童进行的观察和得到的知识几乎只是生物方面的，而在四年级又几乎仅是非生物界的。我们不能同意这样安排。植物和动物的生存跟非生物界有着不可分割的联系。因此，关于植物和动物的基本科学知识不应脱离非生物界。

还有，关于人的生理现象，儿童在小学里只得到了某些知识。至于植物和动物，儿童的知识范围局限于区分植物的各部分和动物的形体、个别的观察结果，以及对动植物的特征、某些动物的生活状况和习性等方面的了解。

按照上面介绍过的教学论思想，要使小学生形成关于有机体（人、动物和植物）的结构和机能方面的不断发展的表象，应当紧密联系非生物界方面的知识。我们可举一个例子。早在二年级就完全可以结合人体结构的某些知识向学生讲一些有关人的营养、血液循环和呼吸方面的初步知识，当然也可以结合养护身体的一些办法。可以讲一讲空气的成分（空气中含有氧和二氧化碳）及其在呼吸时的变化等方面的最初步的知识。以后（可能在三年级）当然还要适当地讲这些问题，对它们进行比较深入的研究。

既然儿童在二年级要以人体为例学习有机体的机能，那么在一年级就应当学习一些植物的营养问题。例如，可以讲一讲植物从土壤中吸取养料的初步知识，因此也就需要讲到土壤中含有腐殖质、沙土和黏土。应当做一些最简单的烧土的实验。

我们不是要在这里提出小学自然课的教学大纲，上面列举了一些可以列入教学大纲的个别问题，目的是说明我们的设想。应该做到把各种知识尽可能比较全面而紧凑地**联结成一个统一**而严整的**整体**。这样安排自然知识跟现在的状况有根本的区别，现状的特点是，学生得到的知识是支离破碎的、原始的，跟科学地描绘世界相距很远。

在小学里必须讲一些基本的物理知识，它们对于了解技术设备是必需的。例如，现在在整个小学教学期间不向学生讲电的任何知识，这一点不能用任何理由进行解释，借口小学年龄段的儿童不能接受这种知识也是说不通的。既然小学生能够掌握名词的三种变格表，为什么他们就不能够掌握电流、通电、断电这些概念呢？

我们的经验证明，在小学里完全可能而且应该讲一讲电路、导线的串联和并联、电磁现象等初步知识。学生可用下列办法掌握这些知识：做最简单的实验，由教师演示相应的现象以及进行参观。

小学生还应该知道动力的来源、动力的种类及传递、机器的主要部件。小学生完全能够有意识地掌握这些知识。这将能广泛地用于技术领域。到那时，参观生产部门才会有真正的意义，因为学生能够在其可能了解的程度上看懂生产的过程，而在现在安排的自然知识的条件下，学生所学到的只是表面的生产过程，这种观察的收获是很少的。

在自然界知识的学习中应当含有历史观点。在目前小学教学大纲中已有的材料里，矿产知识就有可能按这种方针学习。但是必须把矿产的起源和形成置于重要地位，这跟现行的教学法不同，按照后者的教法，学生对这部分材料学习得很肤浅。怎样才能贯彻上述方针呢？下面我们用一些上课材料来进行说明。

现以我们实验班中学习"土壤"的部分上课记录为例。

女教师在黑板上简略地画出地球，图中标示出地球的表层和其他部分的相互关系。

女教师：现在我们要学习的只是地壳的松软的表层，它叫土壤。土壤包含什么成分呢？

伊　拉：黏土，沙土。

萨　莎：腐殖质。

女教师：土壤里还有其他成分，这在以后你们会学到的。

女教师演示了证明土壤中有沙土和黏土的实验之后，解释说，沙土和黏土是岩石——花岗岩损毁产生的。然后女教师问道："既然岩石是坚硬的，为什么土壤是松软的呢？"

尤　拉：岩石在不断损毁。

女教师：为什么会损毁呢？

热尼亚： 因为风化。

尼　娜： 植物在生长，所以裂成了小块的岩石。

女教师讲了虎耳草类植物。它们的根能伸入石头，植物分泌出酸性物质，它使石头损毁。女教师说："以后你们学习化学的时候，会知道这究竟是怎么发生的。"

女教师接着问道："还有什么东西会损毁岩石呢？"

加利亚： 经常发生山崩。

女教师： 我们没有弄清楚什么是原因，什么是结果。譬如说，有一名学生没有答出习题，他的情绪很不好。你们想一想，这里什么是原因？

加利亚： 原因是他没有答出习题。

女教师： 那么如果我们拿岩石损毁和山崩来说，山崩是原因吗？

加利亚： 不，是结果！

女教师： 当然啰！岩石是逐渐损毁的，而当损毁得渐渐严重起来的时候，就会发生山崩。那么还有什么会使岩石损毁呢？你们好好想一想！在自然界，日和夜在交替着……

很多学生举起了手。

列　娜： 石头会被晒热，而在晚上它又很凉。

女教师： 那又怎么样呢？

列　娜： 石头会出现裂缝，缝里会掉进水，水结成冰，裂缝也就会扩大。

女教师： 这就是说，温度的急剧变化，这是岩石损毁的第二个原因。你们知道还有哪些损毁的原因？

科斯佳： 我看过一本书，说水能损毁大山。

尤拉讲了一个勘察队的故事，这个勘察队发现了一些巨大的山洞，它们是水冲刷岩石形成的。

女教师： 有这样一个成语——"水滴石穿"。这是什么意思？

列　娜： 看起来以为一滴水没有力量，而实际上它能把石头穿透。我看见过一块石头，它上面有一个大窟窿，因为水滴老掉到它上面。

女教师讲了不断冲刷大山的小溪。然后她说："总之，植物、太阳、寒冷和水都在起着自己的作用。"

正如在其他学科的教学中一样，孩子们说出了他们原有的知识，如果有些知识超出了教科书的范围，但符合我们提出的教学任务，女教师就自己把它们具体深入地讲清楚（例如，关于虎耳草类植物）。对于儿童在校外有可能已经知道的知识，女教师没有急于对他们讲。她提出一些问题，孩子们叙述见到过的或读到过的东西来作答（例如，关于地下裂缝，关于被水滴穿的石头）。当学生说了错误的见解时，女教师既利用它讲一些符合当时需要的知识，也利用它培养逻辑思维（例如，在儿童说到山崩的时候）。由此可见，对于在上课期间说出的见解，可进行对比、有范围的限制，能予以具体说明和继续引申。对错误见解提出不同意见，把矛盾突出出来，学生可依靠集体的力量为产生的问题找出正确的答案。这样的课堂教学既是琢磨掌握知识的实验室，同时也是思维的苗圃。

关于从原油中可以得到什么产品和制出什么东西这些知识的内容，也可以作为改变自然课教材内容的一个例子。自然教科书中说，从原油中可以得到煤油、汽油和机油，还提到分离出汽油、煤油和其他产品之后，剩下原油的余渣，就是黑油。[①]

儿童不知道在现代技术水平和条件下能得到和制造出各种各样的产品和制品。然而如果学生知道用原油可以制成塑料、布匹、颜料和香料产品的话，那么这不仅会使他们很感兴趣，而且也开阔了他们的眼界。这类知识可丰富学生对技术的认识，同时也能激活学生的思想，促使他们思考像是童话似的意想不到的变化，而实际上由于科学技术的进步，这些正在从梦想变为现实。

在专讲这种问题的课上，我们清楚地讲了从原油中可以得到什么和用原油可以制出什么。跟往常一样，我们发现儿童已经拥有从校外得到的某些知

---

① 参见斯卡特金：《自然课本（四年级）》，莫斯科，教育书籍出版社，1959 年版，第 81 页；斯卡特金：《自然常识（四年级教科书）》，莫斯科，教育书籍出版社，1961 年版。

识。女教师在课上给他们讲了很多。儿童在课堂里当场在自己的练习本上画了示意图，其中包括产品和制品的名称以及相应物品的形状。这些物品是：汽油、煤油、溶剂、机油、灯用煤气、焦炭、沥青、石墨、电线的绝缘物、炸药、酒精、颜料、药用油、三氯甲烷、肥皂、香料制品、石蜡、蜡烛、火柴、塑料、合成制品（布匹）。

＊　　＊　　＊

还有一个特点，把它指出来也是很重要的，它突出地说明了学生能有理解地掌握教材。我们注意到，在学生智力习性的个人特点的影响下，他对获得的知识具有自己独特的见解。

我们以实验班两名学生的考查答案内容为例。其中一名叫加丽亚，她在掌握教材方面比科斯佳差。科斯佳的学习成绩好，但也不属于优等生。

加丽亚的答案：

①我知道岩石有：花岗石、沙石、泥质板岩。花岗石是通过云母、长石和石英的结合而形成的。沙石和泥质板岩则通过压实以及复杂的化学过程，渐渐变成石头。

②石灰石是有机物质生成的。例如，珊瑚老化和折断，受到水的深层的压力，它们就被压实了。

沙石和泥质板岩由非生物界的物质形成，石灰石由有机物质形成。

大理石和白垩都属于石灰石。

科斯佳的答案：

①我知道有一种岩石是花岗石。它由长石、云母和石英这些矿石组成。而矿石是岩浆产生的（岩浆是炽热的、沸腾的、火红的液体）。

②石灰是由有生命的机体的残渣产生的。例如，鱼吃的食料中有石灰，它长成鱼的骨骼。鱼死了，骨骼残留下来了。

这样经过很多年，在巨大的压力下就成了石灰石——硬的岩层。我知道的石灰石有：大理石、石灰和白垩。

现在把这两份答案分析一下。

这两名学生都正确地复述了学到的知识，但是这里没有通常"像照相似的"一味复述。这两名学生的答案中没有完全同一式样的死板公式。加丽亚和科斯佳的答案有着她们各自固有的特点的痕迹。

加丽亚的答案有个特点，她概略地谈到了与问题有关的全部材料。她提到了曾经学过的所有的各种岩石。加丽亚在回答第二道题时又一次提到沙石和泥质板岩，把它们的形成与石灰石的产生做了对比。

科斯佳的答案有着完全不同的特点。她只讲了花岗石这一种岩石，但是比加丽亚复述出更多的知识。在谈到石灰石的时候，科斯佳讲到它的形成过程，比加丽亚更具体。

由此可见，这两名学生的答案，无论是在谈岩石的时候，还是在谈石灰石的时候，都有其各自的特点。

可能有人会提出问题："这样做好吗？如果允许每人都按自己的方式回答，是否有损于全面了解学生的知识掌握情况呢？"我们对此的回答是："这样做很好！这无损于全面了解知识掌握情况！"因为在进行这次考查的时候，孩子们面临的任务不是要复述他们在这方面的全部知识。同时，我们已经了解，学生是否记得他们在这次考查中没有提到的那些知识。要全面了解，有很简单的办法，这就是提出一些要求全体学生必须回答的问题（例如，"土壤由什么组成？""土壤有哪几种？""花岗石由哪些矿石组成？"）。这种考查表明，实验班学生的知识是全面的（例如，上述问题的正确作答率达95%—100%）。

因为学生们对同一个问题做出许多不同的答案有很重大的意义，我们再举几名学生关于石灰石的答案作为例子。

瓦洛佳：石灰石是几百万年以前生成的。它来源于海洋动物的骨骼残骸（海胆、海星、珊瑚、鱼骨）。

维佳：石灰石是由海洋动物的残渣形成的。海洋动物死了以后，留下了甲壳、刺、外壳。经过许多许多年，它们被压实了，成了硬的岩层——石灰石。石灰石有很多种。其中有：大理石、白垩。

托利亚：石灰石由比较大的动物的残渣生成。地球上有过很多棘皮动物和其他动物。在它们的刺和骨头里有很多石灰质。动物死了以后，它们的骨头里分解出了石灰质和其他物质，在压力和其他力量的作用下，它们成了石灰石。属于石灰石的有：白垩、普通石灰等。

奥克萨娜：石灰石是由动物残渣生成的（海胆的刺、珊瑚、海星）。这是在其他各种地层的巨大压力下被压实的，并形成了新的岩层——石灰石。属于石灰石的有：大理石、白垩。

把这四份答案以及前述的两份（加丽亚和科斯佳的）都比较一下可以看出，尽管有着共同的内容，但是叙述的特点以及各自复述出来的知识全都不同。没有两份答案是彼此十分相似的。

我们之所以如此重视这一点，是因为答案的多样性是**有理解地**掌握教材的最重要特征之一。如果某一学生详细叙述教材的某些方面或细节，别的学生详细叙述另一些，这就意味着，这些知识确实是经过深思熟虑的，并不是单纯背熟的。

学生在用词语表达学到的知识时，表达的灵活性也有很大意义。只要用这个观点对上述答案做一分析就可看到，这种灵活性确实很大，它是真正掌握了自然知识的表现。

灵活地运用词语也证明了学生在掌握书面语方面的显著进步。

我们要把上述考查内容跟教科书中的"石灰石"这段课文做一比较，实验班学生是用这种教科书学习这一内容的。兹将课文摘录如下[1]：

地下蕴藏着大量石灰石岩层。你们很熟悉的、可在黑板上写字的石笔（白垩），普通的石灰石和大理石都属于石灰石。把石灰石跟其他石头区别开来很容易。

实验。 在白垩、大理石或普通石灰石上滴几滴醋或稀释的盐酸。可以听到咝咝声并看到冒气。

试将醋或酸液滴在花岗石和其他石头上，是否能听到咝咝声？

普通石灰石 是灰色或淡黄色的坚硬石头。有时整座山都是这种石灰石。在陡峭的河岸上，有时可见到石灰石岩层。用石灰石可以建造房

---

① 参见斯卡特金：《自然课本（四年级）》，莫斯科，教育书籍出版社，1959 年版，第 67－69 页；斯卡特金：《自然常识（四年级教科书）》，莫斯科，教育书籍出版社，1962 年版。

子，做楼梯，铺人行道。黑海岸的山上有很多房子是用石灰石建造的，石灰石是在当地开采的。莫斯科也有很多房子是用石灰石建成的，因此过去说莫斯科是白石建成的。

大理石也是一种石灰石。这是一种坚硬结实的石头。如果把小块大理石打碎，可以看到它好像是由一些发亮的微粒组成的。大理石有各种颜色：白的、灰的、黑的、红的等。大理石可以被磨得很光亮。

大理石可以装饰建筑物；它可以做成雕像、柱子、楼梯的阶梯、窗台、洗脸池旁的护墙板、文具等。莫斯科地铁的站台是用各种颜色的大理石装饰的。

我国的大理石资源很丰富，但在伟大的十月社会主义革命以前，大理石是从国外输入的。现在克里米亚、高加索、乌拉尔、卡累利阿、阿尔泰等地都在开采大理石。

白垩是最软的一种石灰石。可以用手把它折断，可以把它研成粉末。可以用白垩在黑板上写字。可以用研碎的白垩把墙刷白。净化过的白垩可以制成牙粉。

在克里米亚和乌克兰能见到整座的白垩山。

通过对比可以看到，实验班学生的知识超出了教科书的范围，知识的特点是面广而且深入。

*　　　　　*　　　　　*

现在我们转到在小学里学习**地理**①的问题。

在鲍格达诺娃的教学法参考书中，地理的讲授任务是这样规定的："小学地理课的任务是形成一些浅显的地理学的表象和概念，讲一些地理学的技

---

① 我们说的是自然和地理，不是现在的小学教学计划中所说的自然常识，理由如下：在小学里也像在一般的学校里一样，应当讲授**科学**的基础知识。但是，把自然和地理合并在一起而叫作"自然常识"的那种科学，是不存在的。

在自然和地理的学习中要保持**联系**，这当然是必要的。但要做到这一点，有着比这两门课合并成一门学科更妥当的其他办法。顺便说说，合并并不能做到有真正的联系，在教学大纲和教科书中只不过是把自然和地理的内容交替安排而已。

能技巧，所有这些都是学生以后学习地理以及了解自然界和人类生活的许多现象所必需的。

"学习小学的地理，应当以地理学的观察活动为基础，这种观察活动是儿童在教师领导下在学校周围地区有步骤地进行的。"①

在这里我们又遇到了对教学任务的这种提法，它跟其他学科中的提法在本质上是一样的。

说来说去还是形成一些浅显的表象和概念以及技能和技巧，它们是小学毕业后进一步学习课程必不可少的这一类话。在这里我们也可以重复上面对其他学科说过的那些话：这项任务是正当的，但是小学地理材料的用途不只是这一点。此外，这也不是主要任务。

问题的实质是要给小学生提供**一个关于**他们赖以生活的这个**行星的表象**。这不仅是必要的和完全可能的，而且我们的经验证明，在小学里这样对待地理学习是完全正确的。

因此必须特别注意上面的引文中的第二段话，其中专门指出，学习应以在学校周围进行观察活动为基础。当然，在地理学习中应该广泛利用观察活动。

但是，把在学校周围进行的观察活动作为学习地理的**基础是错误的**。

在小学教育学中有一个根深蒂固的观点，认为初期不该超出学生身边的最近范围。据说应当从教室和校舍开始，从附近的地段开始，然后再熟悉街道和学校所在的城市，并且只有在这以后才可开始了解祖国。

这种观点在苏联小学的地理材料的学习中也有着具体的体现。

这种观点是从过去的先进教育思想的代表人物那里借用来的。在革命前的沙俄制度条件下，小学里盛行经院哲学式的书本学习和神学学习。那时候，在观察最近地区的基础上讲解一些实际知识的观点是先进的，在小学教育中起过卓越的作用。现在完全是另一种情况。学校里的直观手段、电影、电视有可能广泛地扩大能被学生领悟的现象的范围。因此，现在竭力把学生的观察活动限制在最近的范围之内是明显的时代错误。

---

① 鲍格达诺娃：《小学地理讲授法》，莫斯科，教育书籍出版社，1959 年版，第 30 页。

关于逐步扩大学生观察活动的范围这一规定，也不应以小学生的年龄特点为借口。断言小学生的心理具有必然像若干同心圆那样逐步扩大观察范围的特点，这是许多偏见中的一种，这些偏见毫无真正的科学资料为依据。

在教学过程中对小学生的研究证明，一年级学生很想知道的已经不仅是遥远的国家，还有遥远的行星。我们实验班中的大量事实使人确信，小学生完全能够理解在五年级才学习的许多自然地理知识。

例如，在我们的三年级实验班里，学生已经学了"地球围绕太阳转动""地球围绕自身的轴转动""热带""苏联的自然带"等问题。在学习这些材料时，没有发现学生有克服不了的困难。他们通过理解掌握了教材，曾经取得了良好的学习成绩。

有人可能推测，在学习对小学生来说是十分困难的材料时，一定出现过由教师把它"嚼碎"的情况。事实上并没有这种情况。

女教师通过提问和插话，引导学生将思想用于复述他们原有的知识，以便得出正确的结论。课堂上充满着齐心协力地进行智力劳动的气氛：学生们乐于说出自己的认识，思考教师提出的问题，寻找问题的答案。

当然，女教师要给学生们讲许多新知识，但是这不会使他们正在探索的思想受到挫折。女教师讲的知识跟学生说的内容是紧密结合的。

我们可以举出一些实验班上课的片段，证明学生参与了认识过程。

在"陆地表面的基本形状"的一节课上，在学习这个题目的基本教材之前，女教师先让儿童注意看地图。

女教师：如果我们看一看地图就可以看到，它是五光十色的。这里的"五光十色"表示什么意思呢？

尼　娜：各种颜色。

女教师：哪一种颜色最多？

伊　拉：浅蓝色（天蓝色）。

女教师：它说明什么？

鲍里亚：地球的三分之二布满海洋，陆地占三分之一。

女教师：陆地是用哪些颜色表示的，它们各标志着什么呢？

伊　拉：咖啡色表示山，绿色表示低地，还有浅咖啡色表示……

女教师：这不表示低地，也不表示山。

萨　莎：这表示高地。

女教师打算在这节课上要求儿童掌握"洼地"这个概念，所以对他们提了个问题："陆地上有没有比海平线低的地方？"

科利亚：有！荷兰。

女教师：那里有很多堤坝，它们拦住了海水（在黑板上画图）。

托利亚：里海附近也有这样的地方。

尤　拉：有这样一些地方——露天采矿场，很大！它们靠近海，但海没有淹没它们。

女教师：为什么？

尤　拉：因为有比海面高的地方保护着它们，所以没有被淹没。

当上课进程要求转到掌握"平原"的概念时，女教师说："你们想一想，平原的特点是什么。回想一下莫斯科附近的一些地方，你们一定去过那里的！"

维　佳：平原是平整的，平坦的。

女教师：像桌子那样平吗？

维　拉：怎么会呢，要是平原上有条小沟，这就不是平原了吗？（这既是问题，也是反驳。这里是指维佳说的定义有点不确切。）

女教师立即利用维拉的问题。她说："维拉提了一个很好的问题。的确，如果我们站在一小块高的地方，就说它是高地，而如果向前迈了一步，能说它已经是低地了吗？"孩子们都笑了，说明他们已经明白，在这里问题并不那么简单，不是按照维佳的定义就可以做出判断的。女教师做出结论说："所以这就是说，平原是平坦的或有点波浪形的，稍微有点起伏不平的地区。"

＊　　　＊　　　＊

现在在一年级里，无论在观察的项目中，还是在《祖国语言》课本里，都没有地理材料，只提到四季的天气以及与四季更替有关的某些肤浅的观察活动。二年级的教学大纲中所谈的仍然是自然界四季的运行，观察太阳的高度和昼夜的长短，观察天气以及动植物界中的季节变化。这类观察可以作为掌握地理知识时的某种内容，但是按照教学大纲和教学法参考书所提到的情形来看，这类观察本身还不是学习地理。

只是在三年级才出现"我们的地区"这一标题，它包括真正具有地理性质的观察和知识。在三年级《祖国语言》课本里有一部分课文含"地理和自然的知识"。小学地理教学法的参考书强调说，"阅读和分析这些课文是主要的工作内容"[①]，接着又说，"观察自然界的这些现象使讲读课的掌握具有较大的自觉性"[②]。《祖国语言》课本中的课文是一些互不协调的故事，其中认识的内容微不足道。有些故事在其材料的科学性和艺术性方面倒是很好的，但是这并不能弥补所有这些课文的内容贫乏的问题。

在四年级学习的自然常识课程，其中兼有地理知识和自然知识（非生物界）。这里讲的地理知识主要是苏联范围之内的。只有个别章节涉及自然地理的一般性问题。[③]

如果把地理学习的现状跟小学教学面临的新要求对照一下，十分明显，现在这样的学习是不符合新要求的。

早在一年级就应当进行大量的观察活动，学生在观察过程中积累材料以便广泛地从地理学的角度认识地球。例如，除了自然界的四季及季节的变化之外，应当进行现在二、三年级进行的那些观察活动（太阳的高度和昼夜的长短、辨认地区、辨别地面的方向、用太阳和指南针确定方向等）。

在这些观察活动的基础上，在二年级应该开始学习自然地理的某些一般性问题（地球的形状、陆地和水平的相互关系、地球表面的形状、世界各大洲等）。在一年级进行过的对昼夜长短和太阳高度的观察，在二年级仍继续进行，这时根据地球围绕太阳和绕地轴转动的知识，学生有可能理解这些观察。应该广泛利用最简单的实验[④]、地球仪和世界地图、师生的叙述、阅

① 鲍格达诺娃：《小学地理讲授法》，莫斯科，教育书籍出版社，1959 年版，第 23 页。
② 同上。
③ 参见斯卡特金：《自然常识（四年级教科书）》，莫斯科，教育书籍出版社，1962 年版。
④ 参见鲍格达诺娃：《小学地理讲授法》，莫斯科，教育书籍出版社，1959 年版；斯卡特金：《自然常识（四年级教科书）》，莫斯科，教育书籍出版社，1961 年版。

读、幻灯、电影、电视以及地理的直观教具。讲旅行的见闻自然将占有特殊的地位。然后应当向学生讲解气候与动植物界之间的联系。应向学生讲一些关于最大的国家（人民民主国家和资本主义国家）的基本知识。

然后在三年级就可以开始学习苏联的地理。但是这门课程的安排应与现在的安排不同。最重要的是丰富和加深学生在二年级已遇到过的观点，即气候与动植物界之间的**联系的观点**。现在这个观点有了新的内容，不仅指人类劳动对自然条件的依从性，而且指人类对自然界的改造。这在我国共产主义建设的过程中将有巨大意义。

如果把了解地理性质上的一些最重要的联系和广泛了解我们这个星球都作为小学地理学习的基础，那么才能摆脱现在的观察活动和阅读课文固有的不完整性。这样，各种个别的知识都将围绕基本的核心思想而各得其所。

像在自然课中一样，在地理的学习中也应有历史观点。

关于我们这个星球的面貌在千百万年以来是怎么变化的，我们的国家正在发生什么变化等这类知识，将有助于活跃思想，并将成为树立共产主义世界观、跟宗教偏见与迷信做斗争的重要因素。

天文学的一些浅显的知识也应被纳入小学教学。假如在我们这个星际航行的时代，丝毫不谈宇宙飞行，一点也不讲其他行星以及它们的卫星的存在，这至少是令人感到纳闷的。莫非现在还要将画着远航船的图画作为地球是球体的证据吗？

第八章　学生的发展和掌握知识（若干事实）

第一节　学生的发展

为了对小学教学新体系的有效性做出一定的结论，应当谈谈它的两个方面的效果：学生的一般发展方面和掌握知识技巧方面。这是非常重要的。因为教学的结构虽然注意到预期的效果，但还不肯定真正会达到这种效果。在教学实践中，提出的任务得不到完成的事例是常常有的。

同样重要的是：只是掌握知识与技巧的质量这一个方面，不可能正确反映教学体系是否有效。必须要有学生发展进程方面的材料。

现在我们开始谈谈可以证实已达到的效果的一些事实。让我们先从学生的**发展**谈起。在这里必须直截了当地指出，研究小学生的各种特点的那些著作，都没有把这些特点放在各种教学条件下进行追踪研究。①

这些著作只是泛泛地指出，儿童发展的进程是受他成长所处的各种条件制约的。其实，在对不同的教学体系做比较的时候，无疑具有头等重要意义的事情是要弄清楚：在这种或那种体系的条件下，学生的发展是否有差异，这种差异有多大以及差异的本质特点是什么。

为了完成这一任务，我们对下列两种条件下的学生的发展进程做了比较，一种是在我们提出的小学教学新体系的条件下，另一种是在通常的传统教学的条件下。在这里主要是揭示出各方面的发展情况。事实上，这种或那种教学方法可能在某一方面（例如，对词语逻辑思维的发展）显得有效，而

---

① 参见列昂节夫、鲍诺维奇编：《儿童心理学概论》，莫斯科，俄罗斯联邦教育科学院出版社，1950 年版；沃洛基季娜：《小学生心理学概论》，莫斯科，俄罗斯联邦教育科学院出版社，1955 年版；列维托夫：《儿童教育心理学》，莫斯科，教育书籍出版社，1958 年版；斯米尔诺夫、列昂节夫、鲁宾斯坦、捷普洛夫编：《心理学（心理系科教科书）》，莫斯科，教育书籍出版社，1959 年版。

在其他方面（例如，对观察力的发展或实际操作能力的发展）的效果恰恰很差。我们注意到这种情况，详细研究了学生的三个方面的发展情况，这三个方面（三条线索）是：观察活动、思维和实际操作。这样研究有可能揭示出：小学教学的新教学论体系是全面有效的，还是只对发展的个别方面起作用。

我们认为研究**观察**活动方面的发展十分必要，因为观察活动主要是知觉过程。我们之所以要研究观察，还因为它是一种复杂的活动。在学习过程中经常遇到这种活动。知觉是观察的决定性组成部分，在观察中，知觉跟思维有紧密的联系。

观察的组成部分之一是特殊形式的思维。这些思维过程直接依靠对现实的感性认识，而且只是初步地分析和综合感性认识的材料（颜色、形状和其他属性名称，确定直接感知到的各种事物的属性的异同，等等）。

考虑到上述情况，我们选定**思维**作为应当研究的第二条发展线索。毕竟要用抽象思维才能最深入和最近似地认识客观现实中的各种现象的本质。

我们研究思维没有运用让被试局限于言语应变的那些方法。为了达到我们的科学目的，用实验法研究思维要合适得多，这种方法能够从外部最大限度地检查思维的进程。当具体事物成为开展思维活动的材料时，就有可能做这种检查。

这些想法曾是我们决定采用萨哈罗夫的方法的理由之一，这一方法本来是研究概念的形成的。

我们着重注意的是思维过程的某些特点，这些特点在苏联的心理科学中早已以一定的方式提出过，而现在则是专门努力和明确地强调。[1]

我们打算从某方面研究客体，这要根据提出的任务、客体的特点以及其他条件来进行。

我们是把**实际操作**作为学生心理发展的第三条线索予以研究的。我们把实际操作列为研究对象的理由是：通过实际操作可以追踪研究学生的独特的

---

[1] 参见维果茨基、达尼舍夫斯基编：《心理学研究（第一辑）》，莫斯科，教育书籍出版社，1935 年版；赞科夫：《小学生在教学过程中的发展》，载《初等学校》1958 年第 7 期；鲁宾斯坦：《思维心理学》，莫斯科，俄罗斯联邦教育科学院出版社，1959 年版。

活动形式——制作实物。跟观察和思维不同，实际操作的典型组成部分是手的操作。

上述三条线索——感性经验、认识现象的本质、对周围事物施加物质影响而完成实际任务就是一般发展的最重要的几个方面。我们在确定把心理活动的这几条发展线索作为研究对象的时候，不仅注意到了它们之间的区别，也注意到了它们的联系和相互渗透。

我们这样研究学生的心理发展，不仅没有忘了分析的观点，而且也没有忘掉综合的观点。我们在按各条线索研究心理发展时，没有忽略儿童的整个个性。研究整个个性中相互渗透着的各个方面，是研究整个个性发展的重要条件。

思维过程的发展是跟掌握知识紧密联系着的，所以在不同的教学阶段中，根据对知识本身和运用知识的分析，显然有可能对这种发展做出判断。但是，仅仅通过分析知识说明思维的发展，不能被认为是完全确切的。因为这里会有疑问：通过分析知识说明的思维发展的某一种水平，是不是学生真正达到的发展水平？运用学到的知识能不能反映出学生实际的独立思考能力？因此，我们是用实验的方法[1]研究学生的思维的，要求学生做一些他们在平时的学习环境中遇不到的作业。

在思维的发展方面，实验班学生跟对照班学生相比较，也有明显的优势。若是比较头两个学年期间的思维发展的进步情况，大致情况如下：实验班中有63%的学生已经达到较高的思维发展阶段，而对照班中只有11%的学生达到这个阶段。

在实际操作的发展方面，把实验班学生跟对照班学生做一对比，也是很典型的。[2]

为了得到说明实际操作[3]的发展的具体材料，我们曾让学生按照提供的样品用厚纸制作过一个小盒子。现在我们谈一谈这条发展线索特有的一个重要因素，即计划面临的制作物品的活动的能力。

---

[1] 兹维列娃的研究成果。

[2] 布德尼茨卡娅的研究成果。

[3] 我们所谈的实际操作，是指一定形式的具体活动、实物的劳动操作。

在把样品指给学生看的时候，对他说："请仔细地看这个小盒子，想一想它是怎么做成的。"

这个预备（准备）阶段要考虑工序，选择完成任务的方式方法。

在第二学年初，实验班有34%的学生能够做出全面的计划，即具有对制作物品所必需的全部操作做出预计的能力，并且操作顺序正确无误。在与其同龄的对照班学生中，谁也没能对制作盒子的进程做出全面的计划。

从二年级升到三年级，也就是在大约一学年的时间内，实验班学生在计划各自的劳动活动的能力方面有了明显的进步。在二年级时，实验班有34%的学生对制作物品能够做出全面的计划，而在三年级时，就有60%的学生都能做到这一点。对照班里的情况完全不是这样。正如上面已经谈到的，在二年级时谁也不能对物品的制作做出计划；过了一年，也就是在三年级时，也只有25%的学生能够做到这一点。由此可见，对照班学生在三个学年之后表现出来的发展水平，低于实验班学生在两个学年之后的水平。

把制订制作物品的计划跟执行这个计划（即活动的执行阶段）做一对比，也是值得注意的。在实验班学生中，制订计划和执行这个计划的情况大都是一致的。我们在对照班学生中看到的不是这种情况。在这里经常可以发现制订计划和随后的活动之间的脱节。例如，在对照班里能够给面临的活动部分地做出计划的少数学生中，有一名学生在制作盒子的过程中做了完全错误的、跟既定计划不符合的别的操作。

制作物品时所犯错误的数量，也是活动的执行阶段（即制作指定物品的过程本身）的独有特点。对照班学生犯的错误，比实验班学生多四倍。对照班学生犯错误的原因之一是：他们看不出样品的某些特点，这些特点与制作物品有很大的关系。

学生能独立发现自己的错误，也是一个重要的因素。当时看到的实验班学生与对照班学生在这方面的对比情况是：实验班有2名学生、对照班有9名学生没有找到错误（实验班和对照班各有12名学生参加实验）。

总之，把实验班学生所取得的成绩跟对照班学生的成绩做一比较可以证明，就实际操作的发展方面的全部数据来看，实验班学生大大胜过自己的同龄人。在第二学年时，成绩的差距已经很大，过了一年到三年级末，这种差距又明显扩大了。对照班学生在实际操作的发展方面确实也有一定的进步，但是这种进步的幅度如此之小，甚至过了一年他们还达不到实验班学生在二年级已经达到的水平。[①]

通过我们的主要实验班（在莫斯科的一所学校里）发现的在发展方面的巨大差距，后来又被加里宁的学校的 10 个实验班的大量材料所证实。在二年级第一学期末，我们曾向实验班和对照班的学生提出一项可以用来判断思维发展进程的作业。作业的内容是写出六个句子的后半部分，其中每个句子中都有连词"虽然"。学生看了句子的前半部分，就应接着把它写成一个完整的句子。

在实验班中，正确答案的比例是 62%，而在对照班中则只有 27%。由此可见，实验班学生在这方面与其同龄人相比，也有着明显的优势。

对以上各项事实的论述使我们确信，由于教学的体系不同，学生在一般发展上确实有着明显的差距。在实行小学教学新体系的条件下，学生的发展是以快得多的速度在前进的，但更为重要的是，心理活动起了显著的质的变化。这些事实都是下列判断的根据，可以断定，新的教学论体系对于学生的发展具有很高的效率，而在普通的小学教学实践中，现行的传统教学法的效率是很低的。

现已获得的许多事实也为另一个重要问题提供了答案，这个问题是：新体系是否有利于学生心理的各个方面的发展？非常重要的一点是：在新教学体系的条件下，从心理发展的**各条**线索（观察活动、思维和实际操作）来看，都显示出学生在发展上的进步。

刚才我们列举的一些事实都是用专门研究发展的实验方法得到的。但是我们还可以用别的材料对学生在新教学体系下的发展进程做出判断，这些材料是在课堂上、课外活动中，以及在家庭中对学生进行观察时得到的。关于这方面研究学生的发展的许多事实，我们在前几章中都已列举过。

为了使大家对学生个性的发展能有一定的了解，让我们提供两份根据教

[①]　在观察力的发展方面，也可看到实验班学生比对照班学生有更大的优势（托夫平涅茨的研究成果）。

学笔记整理的实验班学生的调查材料（兹鲍罗夫斯卡娅整理）。

尤　拉

尤拉在一年级开始学习时，是迟钝、发蔫而又笨拙的，他很少说话（但词汇并不贫乏）。他很不开朗。在某些"弱点"上，不开朗得过分，近似于无谓的敏感——"我是胖子，是院子里最胖的一个"……在一年级时，他不但不在儿童的朝会上发言，就连到礼堂里去也要经过多次恳求或坚决的要求。他很难跟同学们打成一片。

在教室里观看并讨论挂图时，他蔫蔫地坐着，手指在课桌上蹭来蹭去，几乎不朝图画看一眼，从不举手。

他喜欢听朗读，紧绷着手，指着读到的地方，但是对所读内容的反应比其他学生慢。

课外的独立阅读活动，尤拉比其他孩子参加得晚。经常可以看到，当孩子们在热热闹闹和高高兴兴地选书的时候，尤拉不去借书，样子沉闷，原地不动。这里应当考虑到，他在入学前完全没有识过字。他公开说他自己只会念"爸爸""妈妈""乌拉"。

在成立技术小组时，尤拉成了该组最积极的成员之一。他组装的简便挂钟能不停地摆动（二年级）。

参加技术小组使他提高了自我估计。女教师在这方面也做了工作（进行鼓励），她在全班面前指出尤拉的优点，说他"公道""有原则""诚实"等。尤拉在二年级朝会上也积极参加了马雅可夫斯基的《是谁？》的诗朗诵，富有表情地扮演了木匠这个角色。

尤拉在二年级也开始看很多书，被选为图书管理员。读书的兴趣巩固了。在四年级，他一年之内读过的书有一大摞。

第三学年开始时，学生们根据别洛夫的油画《捕鸟者》写过作文。尤拉写了两页多。他用了一些表达激动的心情的词语："可是急躁会前功尽弃"……"这是早晨，一切都还有点昏暗，可是，透过伸展着的树枝，照射着清澈明亮的阳光。一半树身被可爱的阳光照亮了。这儿全是早晨的景象。"

　　在叙述五一节的作文里（三年级），调子很欢快——游行、愉快的喧闹、气球以及各种玩耍：跟列沙一起在阁楼上爬着玩，爬绳子玩等。尤拉跟孩子们建立起友谊，尤其是跟列沙交了朋友。在四年级，这种友谊得到继续，其中含有跟同学们比赛的因素。尤拉自己也说，在班里向一贯积极和善于思考的列沙学到了很多东西。过分不开朗的老毛病几乎没有再犯。他在孩子们中间有了威信（被选为中队长，在二年级时曾被选为小队长）。

　　他的主动性有了提高。例如，在讨论课外活动计划时（四年级第一学期末），他提出了关于组织木偶剧活动并带有说明的建议。

　　现在尤拉在课堂上的表现的特点，是学习积极性高。他在技术上的兴趣得到了巩固和发展，在劳动课上的作业（锯、切割）质量很高。他是技术小组中最勤奋的参加者之一。

　　在四年级的综合作业中，他的答案很出色，很深刻。他在文学、地理、历史的课上常常运用从收音机中听到的和从电视中看到的知识。他自己说："我为什么这样了解国际形势？因为我常看电视，常听收音机。"

　　尤拉属于神经系统的强兴奋型（根据研究高级神经活动的材料）。看来，尤拉学习初期的迟钝和发蔫，是由于家庭教育的原因，神经系统的类型特点有点被掩盖住了。尤拉的行为和性格的变化，证明平常对他进行的教育工作的方式方法是正确的。

　　如果女教师在教学初期必须使尤拉"摆脱抑制"，那么维佳的特点则要求用另一种做法。

维　　佳

　　维佳做到遵守学校的纪律经历了很大的周折。在一年级时（尤其是在第一学期）他经常干扰上课，一跃而起，跟邻座谈话。他的特点是注意力非常容易转移。他既很难参加全班活动，又会很快离开全班活动。如果维佳举了手而没有被叫到，他立即就会去做别的事情，自己玩起来，或跟邻座闲谈。在课间休息时，这孩子特别兴奋，不让同学们安生（尽管毫无恶意）。突出的一点是：维佳能很诚恳而且往往是带着眼泪地、悔悟地向全班承认自己的过失，十分珍视教师和孩子们对他的意见。

他接受教师的指示一向是心甘情愿的，但是，他的普遍的兴奋性造成了最大的障碍，使教师和家里人都感到伤心。

维佳轻而易举地学会了解例题、应用题。他从一年级起自己能编出应用题，涉及坦克、飞机的应用题编得特别恰当。维佳朗诵出色，语调很好。但是他对要下功夫的事情很难专心去做。他写字很费劲，写得很不整洁，常常写丢字母和音节，也很难做到专心画画和专心做劳动作业。在家里，得到一件有趣的礼物时，例如，得到玩具织布机时，他至多玩5—10分钟。

他的这些特点在他的某些作文里也有具体反映，例如，在根据别洛夫的油画《捕鸟者》写的作文里（三年级初），在叙述这张油画时，维佳好像在表现他自己："小孩也想成为一个真正的捕鸟者。现在他甚至连动也不敢动，生怕鸟儿飞掉。但是同时，老爷爷的镇静态度使他生气①，他眼看着就要向老爷爷跑去说：'还不如让我来弄！'"

维佳从一年级开始就经常参加技术小组的活动。他在这里的特点是，对仔细地完成作业"感到不耐烦"，很容易分心，随便把工作当游戏（把组装好的汽车当作"军事行动"的对象，等等）。

在二年级第二学期后半期，维佳做听写练习时开始写得好些了（练习本比较整洁，错误比较少），但是需要很专心地做的比较长的作业还是做不好。

在三年级，尤其是在四年级，维佳的操行开始有了比较明显的变化。他集中注意力和集中精力的能力有了提高。维佳积极而很感兴趣地从事集邮（班上大部分男孩子都集邮）。在二年级时，维佳的集邮册主要是他的爷爷粘贴的。现在情况变了，这当然也是由于提高了对历史和地理的兴趣。维佳的练习本开始有了比较好的外观。

他在技术小组里开始比较有坚持性。例如，他（与科利亚两人一起）组装了一架摩尔斯电报机的模型。他虽然多次做错，但能坚持下去，直到有了结果（给科利亚拍发了几句话）。他在劳动课上和图画课上开始能把作业做好（但是在零件的加工质量和工作的细心上仍落后）。

---

① 着重点是赞科夫加的。——译者注

维佳的特点是好动，对同学的感情很深。教师在教育他的时候以他的这些性格特点为依据，并且在此基础上改变他对学校作业的态度，改变他的操行。

很多事实都反映出了这种改变。过去维佳"急着要"回答问题（从座位上一跃而起，摇晃手），经常干扰教师的工作。现在维佳开始变得比较沉着、安静，能遵守公共秩序，在使用直观教具时不违反纪律（过去在这种场合经常从座位上一跃而起，吵吵嚷嚷）。

在三年级时的春天，教师向孩子们展示了一些树枝。维佳安安静静地没有破坏"次序"，走到桌子跟前仔细观看树枝。

在班里大家都喜欢维佳。他谈论自己的过失以及谈论别的孩子都很坦率、公正。在班里的朝会和其他庆祝会上，维佳是个"活跃分子"，又会说笑话，又会朗诵，又会跳舞。他喜欢讽刺性的诗。他曾在七、八年级举办的文艺晚会上朗读诗并获得了奖品。

维佳能透彻理解寓言。例如，在学习一篇寓言，讨论到什么是谄媚的时候，维佳说，谄媚就是拍马屁、虚伪的赞扬。维佳善于理解幽默和讽刺的因素，女教师常常很成功地利用这一点用来纠正维佳本身的行为。

第二节　掌握知识和技巧

在本书提出的小学教学体系条件下掌握知识和技巧的情况，在前面的叙述中已经做过部分介绍。现在我们专列举一些事实[1]，把它们跟普通班中的学生掌握知识和技巧的情况做一对比，在普通班[2]中是根据传统的小学教学体系进行教学的。

我们曾经进行了一些个别谈话，这是为了揭示三年级实验班的学生和四年级对照班的学生学到的"非生物界"课程的知识的质量。从对照班中选出的是学习成绩优秀的学生，而从实验班中选出的既有学习成绩优秀的学

---

[1]　掌握知识和技巧的情况在《掌握知识和小学生的发展》这一专著中有详细论述，该书即将出版。

[2]　后来我们把这种班叫作"对照班"。

生，也有学习成绩中等的学生。以下让我们引用对照班学生的一些答案。

教　师：你知道空气有哪些性状？

鲁斯兰：气态、固态和液态。

教　师：用什么办法可以得到固态的空气？

鲁斯兰：不知道，不会有这种空气。

教　师：你对热空气和冷空气知道些什么？

鲁斯兰：由于移动……有过这样一件事（说话的语调说明是在"机械地"、不假思索地复述背熟了的材料）。有位老奶奶拿来了一个盛有煤油的瓶子。小孙女在瓶子周围转来转去。瓶子周围出现了一小片水。老奶奶开始骂小孙女。小孙女说……啊呀，不好！这是盛有水的，不是盛着空气的。水有液态和固态，还有气态……不对，气态的是空气，那么水只有液态和固态。

教　师：怎样把浑水弄成清水？

塔尼亚：我们可以把浑水通过吸墨纸倒到另一个杯子里，就成了清水。脏水渗进吸墨纸里去了。

教　师："有弹力的"这个单词是什么意思？

塔尼亚：它可以重新保持原来的形状，就像橡皮那样，你把它弄弯，然后放松，它就重新保持原来的形状。

教　师：请你解释一下，什么是"自然界中的水的循环"？

瓦利亚：水往上升，后来集中到云里并落到地上。

教　师：如何证明空气是有弹力的？

瓦利亚：需要把两个塞子塞到一根铁管子里。用铅笔把一个塞子往里推，它一定进去得很慢，因为空气是有弹力的。

教　师：如果把一个塞子很快地推进去，这会出现什么现象？

瓦利亚：它不可能被推进得很快，因为前面还有一个塞子。

教　师："有弹力的"这个单词是什么意思？

瓦利亚：不知道。

从上面摘引的记录中可以看到，学生把空气和水的性状混淆了，即使在知道某些知识的情况下，这些知识也是模糊不清的，甚至全被曲解了。学生对说到的现象缺乏理解。例如，塔尼亚说，脏水渗进吸墨纸里去了。塔尼亚不了解弹力的特性是什么（"……放松，它就重新保持原来的形状"）。瓦利亚说，水往上升。瓦利亚也不了解什么是弹力（"……不可能被推进得很快，因为前面还有一个塞子"）。

现在我们摘引实验班学生的一些答案。

教　师：怎样把浑水弄成清水？

加丽亚（中等生）：这需要有过滤器，它可以用吸墨纸做成。我们把浑水倒入过滤器，沙子和泥土都留在过滤器内，出来的是清水。

教　师：怎么证明空气是有弹力的？

尤　拉（中等生）：用气筒做实验。当我们把筒里的空气压紧的时候，它无处可去，它会把你顶住，像成了弹簧似的。它想占更大的地方。

教　师：你知道水有哪些状态？

加莉亚（差等生）：例如，当水壶里的水煮开的时候，水会变成蒸气，变成一些极小的水粒。如果把盘子放在上面，它会变得潮湿。然后蒸气慢慢地变成水滴并掉下来——水滴冷却了。

教　师：在自然界里，水从一种状态变成另一种状态是怎么进行的？

萨　沙（优等生）：自然界里在进行着水的循环。在有阳光的日子里，太阳发出热，水蒸发成雾。在白天看不到这种现象，但在晚上能看到。当雾上升的时候，它就慢慢变成云。风吹动云。然后云一冷却，它们就成了雨水落到地上。后来一部分水渗入地里，一部分通过小溪流入河海！而且总是这么重复进行，所以叫循环。

教　师：如果水没有被晒热呢？

萨　沙：照样蒸发，只是很慢。

将两种班的学生的答案一对比，结论就一目了然。实验班学生的答案有一个特点，就是反映出他们对知识是理解的。儿童毫无拘束地叙述他所知道的知识，没有操心去想教材上的说法。当学了教材之后，经过相当长一段时间，在遗忘规律起作用的时候，他们对细节会有某些不确定，但是，仍能将基本要点正确复述出来。

理解性和内在逻辑性，是实验班学生复述各科知识时具有的特点。

现在讲讲另一个问题：学生在分析新教材时，能把已学到的知识和技能运用到什么程度。想要说明这个问题，也不外乎运用下列事实。我们曾让三年级学生分析三个单词（一个名词、一个形容词、一个动词）的构成，即找出词根、前缀、后缀和词尾。在实验班里，每个学生的平均错误数是 0.4 个，在对照班里是 1.8 个。对照班学生的错误屡次证明，如果这些单词比他们通常在课堂练习中遇到的单词复杂一点的话，他们对找单词的组成部分就无能为力。对照班学生分析单词构成的能力有很大的局限性，它的特点是"运用的领域很窄"。

最典型的是有关正字法知识水平的材料，尤其是，在实验班里用于俄语课的时间比对照班要少得多（少 20%—30%）。

在三年级实验班中曾进行过一次听写，现将其内容摘录如下：

Наступление. весны

Наступила весна. Прилетели грачи и начали Вить свои гнезда. В чистом воздухе громко поет жаворо нок. Сильно тает снег. Лед на реках ломается. На солнечном припеке зазеленела травка. Просыпается березка. Корни жадно тянут влагу из земли. Происходит подъем влаги по стволу, по веткам. Влага доходит до почек. Почки пъют сок и в теплом воздухе начинают разбухать и расправляться. С большим нетерпением мы ждем весны. Так и хочется громко крикнуть пветам и птицам: "Цветите, пойте, вейте гнезда!"

在三年级和四年级的对照班里也进行了同样内容的听写。每个学生的平均错误数（算术平均数）是：在三年级实验班里是 1.6 个，在三年级对照班里是 3.5 个，在四年级对照班里是 2.0 个。

三年级对照班学生的平均错误数比实验班学生的多一倍以上（3.5个和1.6个相比）。甚至四年级对照班学生的成绩也比三年级实验班学生的差。

在四年级实验班里，学年开始时曾进行了下列内容的听写。

Повариха сварила жирный борщ. Зоопарк объявил о рибытии носорога. Сороконожки ползали по полу. Федя Петров рос как на дрожжах От опушки до ручъя мы шли медленно. Я отнес кость Жучке. Резвба по дереву очень красива. "Широка страна моя родная".

在两个五年级对照班（甲班、乙班）里也曾进行了同一内容的听写。

从各类按正字法规则书写的单词来看，四年级实验班的错误数量显著少于每一个五年级班。五年级甲班与四年级实验班之间的差距很大。名词词尾、不发音的辅音的书写规则、前缀的写法等方面的错误，在五年级甲班学生中比在四年级实验班学生中多4—5倍，甚至8倍。从字母的漏写和错写这类错误来看，差距也很突出。在四年级实验班里，这类错误只有1例，而在五年级甲班里则有8例。

各班的平均错误数（四年级实验班是2.0个，五年级甲班是4.0个，五年级乙班是3.0个）表明，与对照班学生相比，实验班学生的正字法知识水平比较高，他们的错误的算术平均数，比五年级甲班少一半，比五年级乙班少三分之一。

这些班之间的差距不仅在对比平均数时是明显的，而且在比较按错误数量统计的答卷的数量时也是明显的。这种比较见表8-1（表中的百分比指学生的比例）：

表8-1 答卷错误数量的比较

班 级	无 错	1—3个	3个以上
四年级实验班	46%	38%	16%
五年级甲班	7%	63%	30%

四年级实验班中几乎有一半学生的答卷一个错误也没有。在五年级甲班里，只有极小一部分学生的答卷没有错误。

在学年末进行听写时，我们也看到了实验班和对照班之间的这类差距。

在四年级实验班和五年级甲班里进行了同样内容的听写。平均每个学生的错误数是：在实验班是 1.7 个，在对照班是 3.0 个。虽然对照班学生学过五年级的教学大纲，在校多学习一年，就年龄来说是平均大一岁，可是他们的学习成绩却比实验班学生差。

把听写和作文中的错误数量做一对比是很能说明问题的。一般认为，在听写和写作文时，正字法知识水平会有很大差别。在听写中很少写错的学生，在写作文时却会犯大量书写上的错误。在实验班学生中，这种差别不很明显。

我们可以把三年级实验班学生在学年末的听写和作文中的错误率做一比较。因为听写和作文的字数不等，所以只能对比错误的数量在听写字数和作文的平均字数中所占的百分比。听写（77 个词）中的错误率是 2%，而作文（130 个词）中的是 2.5%。

由此可见，听写和作文在正字法知识水平方面的差别不大。

如果把实验班和对照班学生作文中的错误率做一对比，能发现有很大的差距。例如，在三年级同样题目的作文中，实验班学生的错误率是 3%（平均错误数在作文的平均字数中所占的百分比），对照班学生的是 7%。

在整个小学教学期间，实验班学生在正字法知识水平方面一直保持着很大的优势。在五年级，教材变得难得多的时候，他们还保持着这种优势。

表 8-2 可以证明这一点，表中的数字是听写中的错误数量（每个学生的错误的算术平均数）。

表 8-2　听写错误数量的比较

班　　级	二年级	三年级	四年级	五年级
实验班	1.2 个	1.6 个	1.7 个	1.9 个
对照班	1.3 个	3.5 个	3.6 个	3.0—5.1 个

当我们在加里宁和图拉的 30 个班里进行更广泛的实验时，实验班学生的优势显得更加突出。例如，在加里宁各学校的 8 个实验班和 8 个对照班中进行视察时（二年级第一学期末）发现，在实验班学生的听写中，平均每个学生只有 0.3 个错误，而根据参考书上记载的材料来看，三年级听写中的平

均错误数是 1.5—2.9 个①。

至于做小学算术课的一般习题，在第一个实验班里（莫斯科）没有发现它跟对照班有多大差距。在四年级第一学期末，我们曾在实验班及莫斯科一些学校的 5 个对照班中做了调查。给学生出了 6 道算术题，内容涵盖四年级课程中的各个章节（三个多位数相加，五位数减五位数，三位数乘以三位数，六位数除以三位数，等等）。在所有对照班中，平均每人做对 5 道题，而在实验班中也是 5 道题。

从另一些调查的结果中可以看出，实验班学生做算术题的成绩要比对照班的同龄人稍微好一些。但是，在其他所有学科和算术课其他部分中见到的那种明显优势，并不存在。

我们提出的教学体系在计算操作方面没有取得明显较好的效果的这个事实，其原因可能是在教学过程中没有把掌握计算操作放在特殊的地位。显然，想要得到明显的优势，必须用专门的教学方法。

同时也应当强调指出，我们提出的小学教学体系在计算操作方面看来也是有作用的。否则如何解释这样一点：虽然实验班学生用于做习题的时间少得多，但计算操作却不比对照班学生掌握得差呢？

关于形成计算技巧和学生的一般发展这两者之间的联系的问题，应当是专门研究的对象。我们现在正在进行的大规模实验将对它做出研究。

在解答应用题方面，有着实验班学生占优势的明显差距。对照班学生熟悉解答应用题的方法，是多次练习做同一类型的应用题的结果，一旦对照班学生必须要超出这种熟悉的办法的范围时，上述差距尤为明显。

在第二学年就已经看得出由教学体系所决定的明显分化。在二年级第一学期末，我们曾用间接的形式检查了解答应用题的情况，给学生出了下列题目："车间里运来了一匹布。用这匹布缝了 7 件同样的连衣裙，每件用 4 米布。做完后剩了 10 米布。这匹布原来有多少米？"

做对这道应用题的学生比例，在 8 个实验班中达到了 95%，而在 8 个对

---

① 参见罗日杰斯特文斯基：《词的语音分析和词法分析是提高三、四年级学生正字法知识水平的手段》，载《小学俄语教学法问题》文集，莫斯科，俄罗斯联邦教育科学院出版社，1959 年版。

照班中只有 26%。

在解答缺少已知条件的应用题时，两种班之间的差距也很突出。

在一些三年级的班里我们曾经出过这样的应用题，在实验班里，全体学生都看清了应用题的特点，在把所缺的条件告诉他们之后，有 83% 的学生能独立做出这道应用题，其余 17% 的学生靠一定的帮助就能做出或部分地做出。而在对照班里，只有 33% 的学生能看出这样的应用题是不能解的，因为缺少已知条件。在把所缺的条件告诉他们之后，只有 8% 的学生独立做出了这道应用题，17% 的学生靠一定的帮助才能做出或部分地做出，75% 的学生却做不出。

结　束　语

　　培养共产主义的明天的新人——这就是目的，这一目的决定着苏联学校教学的结构，其中也包括小学教学。现在这一级学校的教学情况是这样的，在这里用个别的改进措施修修补补已经无济于事，必须进行根本的改革，其目的是为学生的一般发展而大大提高教学的效率。我们进行的实验已证明有可能进行这种改革，并已找到了包括各科教学法在内的改革的具体脉络。

　　按照新体系学习的儿童在一般发展上的突出优势，使得正确解决小学生的年龄特点问题已成为可能。解决这个问题是非常重要的。因为在维护传统的小学教学体系时人们往往提出这样的借口：学生由于其年龄的特点而接受不了较难的教材，所以提高教学的难度和速度都是错误的，云云。

　　在我们的研究成果中有广泛的实际材料可以证明，在各年龄段之间并没有绝对的、不可逾越的界限。当然，儿童发展的一般规律是存在的。但是，由于儿童的活动所处的条件不同，对于学生来说，首先是由于学校的教学与教育的结构不同，这些一般规律的具体表现是有很大变化的。有些说法认为，小学生不可能接受比现在的小学教材难得多和广泛得多的教材，这些说法已被我们进行过的实验推翻了。

　　一方面是在学生的发展上下功夫，另一方面是实现高质量地掌握知识和技巧，把它们对立起来是大错特错的。因为学生在发展上的重大进步，乃是真正自觉而深入地掌握知识的最重要条件之一。

　　加快学习教材的速度本身，绝对不应当是目的。教学工作的高速度，是要受这样的目的的制约的，即必须为学生的一般发展而达到最理想的教学效果。这一任务的完成，在掌握知识和技巧方面将带来丰硕成果，并将大大节省教学的时间，使得四年制的小学课程能够在三年之内学完。学生在一般发展上有了快速而紧凑的进步，就有可能使所教的知识比现在教的知识显著扩展并加深。

假如要提小学教学的**特点**，可以怎么提呢？直到现在为止，在解答这一问题时突出的重大错误是：片面地从掌握知识和技巧的角度去解答这个问题。这种情况，无论在关于小学教学的入门性的主张中，还是在关于讲授片断性课程（区别于以后各级学校中的系统性课程）的议论中，都看得到，当然，在关于训练技巧的任务（学会读、写、算）的措辞中也看得到。

其实，小学教学应当在科学、文学和艺术的基础上给学生提供**世界的扼要情景**。这里涉及自然界、人们的生活和劳动、劳动人民反对剥削压迫的斗争、技术和经济的进步、共产主义社会的建设。

这些任务可使小学教学跟学前教育清楚地区分开。试图不顾学前教育与小学教学之间的区别，把学前教育的方法用于教一年级学生或在小学里把一些班办成按照幼儿园大班的方式工作的预备班，都是错误的。

为了使学前教育和小学教学之间有适当的连续性，学前教育的核心应该是在儿童的一般发展上下功夫。

按照本书阐述的那样理解小学教学，小学阶段跟下一个学校阶段，即跟五至八年级也清楚地区分开了。当然可以说，在下一个阶段也应该给学生提供世界的扼要情景。在这一点上，小学阶段跟下一个阶段当然是近似的，而且也不可能不是这样，因为它们都是**学校的阶段**。此外，小学教学有其固有的重大特点。这就是在科学、文学和艺术的基础上认识世界的**第一个循环**。小学教学在学校教育的**初期**所占的地位以及小学生的**年龄特点**，决定着它的本质特点。现在我们谈谈这种特点最主要的方面——分析和综合的相互关系。

当然，不仅是在小学阶段，而且是在以后的各个学校阶段，都应当给学生提供世界的完整情景。但是小学里的这种完整性具有直接的特点。

在以后的各个阶段，当学生通过各种学科获得广泛的科学知识时，对世界的认识的特点是以差别性表示出来的。例如，对自然界的认识，就是以学习植物学、动物学、物理学、化学的形式实现的，而且在每一门学科当中，分析可达到非常可观的程度。因此，世界的完整情景在这里是在认识的精细差别性的基础上建立起来的。

必须特别强调指出，这样区分学校教学的各个阶段，对于学生形成辩证唯物主义的世界观是非常重要的。这里既保证了形成世界观的过程的统一，也保证了在过程中划分出阶段，使每个阶段都有其质的特点。

学校教学大纲是否按直线式编排的问题，应当根据小学教学的上述特点和各门学科的特点做出决定。不应该对所有学科不加区别地决定这个问题。

大部分学科应该实行**直线式**编排教材的原则。在小学里学过的东西应当名副其实地**掌握**，不应该只是"预备性地""入门性地""片断性地"学一下。返回来学习这门学科时再把它从头学起是不必要的。

但是，有些学科是要**按圆周式**编排的，这是指历史、自然和地理。上述小学教学的任务以及小学生的年龄特点和有限的学习时间，都决定了不可能一开始就展开学习这些学科。

本书提出的小学教学的结构，我们相信会得到进一步发展。毫无疑问，今后的教材比现在已经能够使用的教材可能会深得多。在确定教材的范围以及按年级安排教材时，我们注意到了近几年内苏联学校拥有的各种条件。

由此可见，我们既注意到了所要完成的当前学校教学的迫切任务，也注意到了未来的学校——共产主义社会的学校的结构的远景。

赞科夫的小学教学新体系

（代译后记）

赞科夫（1901—1977）在十月革命胜利之后，曾以革命前的文法中学学生的身份去乡村教书，后来在儿童农业营（国家教育、收养孤儿的机构）任教养员及主任。他在 20 世纪 20 年代入莫斯科大学学习，毕业后留校做研究生，在著名心理学家维果茨基指导下攻读儿童缺陷学专业。在 50 年代以前，他主要从事儿童缺陷学的教学和研究，是苏联儿童缺陷学的权威人士之一，曾任教育科学院缺陷学研究所所长。

从 1952 年起，他领导附属于教育学理论和教育史研究所的实验教学论实验室，对教学中的教师语言与直观手段相结合的问题进行深入研究，发表过许多著作，如：1954 年的《在教学中词和直观相互作用的研究经验》，1958 年的《教学中教师语言与直观手段相结合》，1960 年的《教学中的直观性与学生的积极化》。苏联评论家沃尔科夫在 1981 年说，赞科夫的这项研究成果，是"继夸美纽斯、裴斯泰洛齐和乌申斯基之后在研究教学中的教师语言与直观手段相结合方面的新成就"（《苏联教育学》1981 年第 3 期，第 120 页）。

1957 年他开始领导另一个实验室，原名为"教育与发展实验室"，1968 年更名为"教学与发展问题实验室"，在小学阶段内对教学与学生发展的相互关系问题进行了将近 20 年的理论与实验研究，在 1957—1961 年的第一轮实验中初步建成了一种小学教学的新体系。《论小学教学》就是第一轮实验的总结。本文试就新体系的创新之处做一简述。

（一）

1962 年 10 月，赞科夫在《国民教育》杂志上发表了题为《论教学的教学论原理》的文章，初次谈到了小学教学新体系，概述了新体系的教学论原则。该杂志对这篇文章曾进行过一次零零星星的、持续一年左右的讨论，讨论对以高难度进行教学的原则提出了不少异议。

《论小学教学》一书是在 1963 年出版的，该书第一次全面论述了小学教学的新体系。在 1964 年 9 月，赞科夫曾向教育科学院主席团提出建议：立即把小学学制由四年改为三年，遭到了主席团的拒绝。1964 年 10 月，他在《初等学校》杂志上发表了《小学教学新体系的实验》一文，该杂志从 1964 年 11 月至 1966 年 2 月针对这篇文章（连同对《论小学教学》这本书）进行了一次全国性的专栏讨论。杂志编辑部所作的《讨论总结》否定了赞科夫的新体系。赞科夫仍继续坚持并扩大他的实验研究，进一步验证和完善他的新体系。

在这期间，教育科学院主席团为了客观地研究和评价赞科夫领导的实验室的工作，设立了一个委员会，它由主席团成员扎波罗热茨教授担任主席。这个委员会在研究了实验室的科研和实验工作，分析了实验室编写的教学大纲、教科书和教学法参考书之后认为：实验室研究的教学与学生发展的相互关系问题具有全国范围的重大意义。委员会赞赏实验室为从根本上改革小学教学内容、形式和方法所进行的大胆的教育实验。委员会肯定了实验室对小学教学的改革，认为它是建立在研究小学教学的潜力和重新估计小学生心理特点的基础上的。教育科学院主席团确认了委员会的上述结论。这时，赞科夫在《国民教育》杂志（1966 年第 12 期）上又发表了《小学教学的实验体系》一文，再次扼要论述他的新体系。这篇文章的发表，实际上是对《初等学校》编辑部的《讨论总结》的真正答辩，而教育科学院主席团的调查结论，事实上是对《讨论总结》的结论的否定。

1967 年年初，教育科学院普通教育和综合技术教育研究所公布了小学三年制的新教学大纲，准备将全苏联的小学学制一律改为三年。在公布这个新教学大纲的时候，提到赞科夫、艾利康宁和敏钦斯卡娅三人领导的教育实验为制订新大纲做出了贡献。

1970 年 1 月，苏联教育部部长普罗科菲耶夫在《苏联教育学》杂志上发表的《论苏联学校的新成就》一文中说："……要是在教学和教育理论领域不进行先行一步的大规模研究，那就谈不上教育进展方面的任何成就。……最近一段时期，对我们的工作实践起重要作用的研究工作，在某些方面已有了明显的加强。我首先要谈谈苏联教育科学院院士赞科夫在论证现代教学论的教学原则方面的一系列工作，这些原则在某种意义上为教学特别是为小学阶段的教学奠定了现代化基础。"

从 20 世纪 70 年代以来，苏联新出的《教育学》教科书和发表的有影响的教学论方面的文章，都在不同程度上吸收了赞科夫新教学体系的某些结论。苏联的一些书籍及各种教育刊物在谈到 60 年代的教学改革时，几乎都要提到赞科夫的贡献。

综上所述，赞科夫的小学教学新体系，尽管从它问世的第一天起就遭到了反对，尽管它一度被否定，但是从 1966 年年底开始，它终于立足于苏联的教育科学之林，成为苏联教学论中一个新的学派。

（二）

这一学派的突出特点是什么？上面提到的那份《讨论总结》的开头部分有这样一段话："赞科夫实验室所进行的实验，目的是克服在教学过程中轻视**发展**的弊端，这的确是实验的优点。赞科夫反对缓慢地学习教材，他力求提高学生的理论知识水平，要以更多的认识性材料来充实教材。他要求教师具有新的工作作风、在课内外活动中与儿童的关系要更加密切。实验的所有这些方面，在讨论过程中都公正地得到了肯定的评价。但是，赞科夫在这里并不单单是以一个实验者的身份，为改进现行的教学和教育体系寻求某些教育学问题的解答，他是以一个创造者的身份，想以自己及其实验室的力量创建一种前所未有的、完整的新教学论体系。在他看来，这种新体系应当从根本上改变全部小学教学的教学论和教学法。"（《初等学校》1966 年第 2 期，第 66 页）

在这段话之后，《讨论总结》转向全盘否定新体系，最后还特别强调："'新体系'中比较好的可取之处并不是赞科夫和他的实验室的创造性成果。"

看来，写《讨论总结》的杂志编辑部的意思是：赞科夫作为一个实验者，致力于改进现行的教学和教育体系是可以的，但是编辑部不能同意赞科夫作为一名创造者，致力于建立一个新体系。其实从另一方面看，《讨论总结》又承认了：赞科夫教学论体系的显著特点，首先就是致力于"创新"，并具有可取之处。

如何看待赞科夫的创新呢？我们认为：第一，可以设想，如果教学改革的实验者不是创新者，那么这种实验是没有什么价值的。当然，问题还有另一面，改革一种教学体系的若干合理的创新，必然是合理的突破，而任何合理的突破又必然具有合理的历史继承性。任何人也不能否认这种科学发展的客观规律性。从赞科夫的各种著作中可以看到，他大量引证了乌申斯基、维果茨基等人的学说，在《论小学教学》中也明确说道，"新的东西总是通过这样或那样的形式吸取旧的东西"。这是事实。第二，如果赞科夫的新体系没有创新，没有触动并且在若干方面突破传统体系，也不会在苏联教育界引起这样一场轩然大波。那次专栏讨论的目的之一，是想把赞科夫的新体系纳入传统教学论体系，而赞科夫偏偏不肯就范，因为赞科夫对教学与发展的相互关系问题的理解跟许多人的理解不同，而且是有实验的结果为依据的，随着时间的推移，他的实验获得了广泛的群众基础。

（三）

20 世纪 50 年代，有些教育家发现在现代社会生活条件影响之下，儿童智慧发展的潜力（可能性）大大超过以往年代。赞科夫是最早发现这种智慧潜力的教育家之一。这一点是他的小学教学论立论的现实基础。

小学教学新体系的核心是：教学要使学生的一般发展取得尽可能大的成效。这也是赞科夫建立这个新体系的指导思想，这对于只强调掌握知识和技能技巧的传统教学思想是一个重大的突破与创新，是实践上的突破带来的理论上的创新。

教学与发展的相互关系问题一直是教育学与心理学的重大研究课题之一。早在 30 年代，维果茨基就总结了教育科学史上关于教学与发展相互关系的三种观点：第一种是把教学与发展看作两个互不依赖的过程，教学似乎是架设在发展的成熟性上面的，教学被理解为纯粹从外部利用发展过程中出现的可能性。第二种是把教学与发展混为一谈，把两种过程等同起来。第三种观点是：教学不仅可以跟在发展的后面走，不仅可以和发展齐头并进，而且可以走在发展的前面，带动发展前进。维果茨基认为，"教育学不应当以儿童发展的昨天，而应当以儿童发展的明天作为方向"。所以，他认为只有当教学走在发展前面并能带动发展的时候，这才是好的教学。关于教学带动发展的心理学原理，维果茨基早就指出过：教学不仅要建立在已经完成的发展程序（现有发展水平）之上，而且应当首先建立在那些正在或将要成熟的心理机能（最近发展区）之上，并且把这些心理机能的形成推向前进。

赞科夫在《论小学教学》中说："维果茨基正确地强调指出了教学对于促进儿童的尚未成熟的心理机能趋于形成的作用，但是他忽略了这样一个问题，就是在学生发展方面的成效，可能随着教学过程的安排的不同而表现得**大不相同**。"所以，赞科夫认为，在教学论研究中应当研究和揭示的是："受教学过程的某一种结构决定的掌握知识和学生发展的各种过程。"我们知道，安排特定教学内容的结构，决定着学生学习过程的结构，或者说，教学内容结构的复杂化程度决定着儿童智力活动方法的复杂化程度和发展水平，而有什么样的教学论体系，就会有什么样的教学结构，就会产生什么样的发展水平。这就是为什么后来赞科夫说："我们迫切需要弄清楚，在什么样的教学论体系下，才能在学生的发展上达到最优的效果。"所谓教学论体系，是指指导安排某种教学结构的理论观点体系。

教学的结构对于儿童发展的影响（或作用）本应是教学论研究的重要对象之一。然而，传统的教学论只研究：学校教育的内容和任务、学生掌握知识和技能技巧的过程、教学原则、方法和组织形式。尽管也说"学校不仅要给学生传授一整套知识和技巧，而且要促进学生的发展"，但是，实际情形是"单单从掌握知识和技巧的任务出发来进行教学"，教学中并不研究学生发展的内在规律及其与教学结构之间的客观联系。罗日杰斯特文斯基1965年在反对新体系的文章中就只强调：教学的目的是"要使学生在教学过程中能够真正实在地掌握知识"。用我们的话来说，这就是单纯的"双基"教学观点，是忽视儿童发展的教学论体系的观点。持这种观点的人往往认为：学生在掌握知识的过程中，不仅扩大了自己的科学眼界，同时也自然而然或不期而然地发展了自己的认识能力与创造能力。其实，这是把儿童的智力发展仅看作知识和技巧的积累过程，看作学生心理特点简单的量的增加，这实际上是把掌握知识与发展混为一谈。其实两者并不能等同。

在认识上把掌握知识与发展混为一谈，在教学过程中忽视学生的发展，这是传统教学论体系的实际状况。在这种情况下赞科夫指出"教学要使学生的一般发展取得尽可能大的成效"，确实是切中时弊、使人耳目一新的创见。

教学要使学生的一般发展取得尽可能大的成效，是以全面理解教学的发展性作用为基础的。赞科夫在《论小学教学》中说，关于应该如何理解教学的发展性作用的问题，是跟所谓"形式教育论"有联系的。乌申斯基在《星期天学校》一文中曾谈到他是怎样看待教育的形式目的和实质目的之间的关系的。乌申斯基写道："**第一种目的即形式目的**，在于发展学生的智能，发展他的观察力、记忆力、想象力、幻想和悟性。"为了达到第二种目的即实质目的，"必须合理地挑选用于观察、认识和思考的对象"，把着眼点放在挑选那些应能促进儿童智能觉醒的学科上。他认为，教师不应迷恋于其中的一种目的，以至于忘记另一种目的。

赞科夫认为，乌申斯基不但没有把形式教育和实质教育对立起来，反而肯定了两者之间的内在联系。乌申斯基在批评"形式教育论"时说："像人们以前所理解的那种**悟性的形式的发展**，乃是一种并不存在的幻影，悟性只有在实际的知识中才能得到发展……"所以，赞科夫明确指出，在儿童的一般发展上下功夫，是在学生系统地掌握小学教学大纲规定的知识和技巧的过程进行的。"一方面是发展，另一方面是掌握知识和技巧，无论如何不能把它们对立起来。这两个过程形成有机的统一体。"

由此可见，新体系的指导思想所要求的是：在教与学的统一进程中视学生的发展为教学的出发点与归宿。传统教学体系只强调传授知识，不把学生看作学习的主体，这确实是把教学的重点只放在"教"的方面，使传统教学论成为不见学生的教学论。新体系则强调学生是学习的主体，教师要以特定教学结构促进和带动主体的一般发展。

（四）

在赞科夫的小学教学新体系中，对于儿童的一般发展的研究，是有重大创新成就的。

教学与发展问题的研究，历来多限于研究教学与儿童智力发展的关系。在新体系中研究教学与发展问题，则是研究教学与儿童的"一般发展"的关系。"一般发展"这个词是心理学和教育学书籍中常用的一个术语，它常常是跟"特殊发展"相对应的。可是，它在新体系中首先是跟"智力发展"相区别的。赞科夫说："一般发展不仅指智力发展，而且包括情感、意志品质、性格、集体主义的个性特征的发展。"换言之，它是指教学带动儿童个性心理的整体发展，整体的发展效果远远高于部分的单打一的发展效果。因而赞科夫说新体系的指导思想"体现整体高于部分"（《教学与发展》中译本，第60页），即体现了系统论的观点与方法。

关于"一般发展"的概念，赞科夫在《论小学教学》第一章第二节中谈得比较多，他不仅谈到了一般发展与智力发展的区别，也谈到了一般发展与全面发展的异同、一般发展与特殊发展的相互关系等。他还强调指出："一般发展是指这样一些个性属性的形成和质变，这些个性属性是学生顺利掌握任何一门学科的教材的基础，而在学生从学校毕业以后，又是他们在人类活动的任何一种领域里从事创造性劳动的基础。如果能够使一个人在观察力、思维、言语、记忆、意志品质方面取得重大的进步，那么这些就会成为他的不可被剥夺的财富。"赞科夫在1975年的《教学与发展》一书中说，"一般发展"这个概念，就其无所不包的意义来说，应当包括身体发展和心理发展。但是他说他在实验过程中没有开展对身体发展的研究，所以，他说在新体系中研究教学与发展问题，仅限于教学与儿童心理一般发展的关系。我们从日本的教学论方面的文章中看到，有些人把赞科夫所研究的"一般发展"，直接译作"心理发展"，这不是没有道理的。通俗地说，它就是儿童个性心理的全面发展。

由此可见，在新体系中研究儿童的发展，扩大了对发展的研究范围。但是，更为重要的是：在新体系中研究一般发展，贯彻了对人的心理发展的整体性的认识。所以，赞科夫既没有把一般发展当作一系列认识心理过程（感觉、知觉、表象、记忆等）的数量的联合物来孤立地加以研究，也没按照传统的三分法，从智慧、情感、意志这三方面来分别地加以研究，而是从教学论出发创造性地把一般发展分解为三个单位——观察活动、思维、实际操作，把它们作为研究一般发展的三条线索。在三个单位的任何一个中都体现着儿童个性心理整体发展的规律。这是以维果茨基的下述观点为依据的，维果茨基认为，把复杂的心理整体分解为几个因素会抹杀整体所固有的属性，而分解为几个单位则便于认识整体的具体规律。

赞科夫认为，儿童的一般心理发展，是儿童与周围世界相互作用的一种前进运动。因此，对发展的研究，可以从人对外部世界、对客观现实的下列主要作用方面来进行：（1）与客观现实"面对面"地接触（观察活动）；（2）认识现象的本质（思维）；（3）直接作用于客体从而改变客体、创造新事物（实际操作）。由于人对外部世界的作用是居于主体地位的积极的关系，所以，赞科夫把上述人对外部世界的三种主要作用理解为人的积极的心理活动。这三种活动是相互联系而又相辅相成的，同时，每种活动都能全面反映出一般发展的进程。这是因为，在每一种活动中，不仅仅包含着智力活动，而且伴随有情绪意志的因素。一个人如果十分乐于精细地观察事物，勤于深入思考，喜欢亲自动手操作，并且具有不达目的不罢休的意志力，那么他在知识学习和一般发展方面都必将取得很大的成效。所以新体系始终是把丰富学生的精神生活，发展情感、意志过程，以及智力活动有机地联系在一起的。

由此可以明确地看到，在新体系中开展观察活动的着眼点，乃是促进一般发展，并不单单是培养观察能力。同样，开展思维活动和实际操作，也是在从不同的途径促进一般发展，并不是孤立地培养思维能力和操作能力。观察活动、思维、实际操作不仅是研究一般发展的具体线索，事实上也是促进一般发展的具体途径。这说明，赞科夫不仅提出了要在学生的一般发展上下功夫的任务，而且找到了促进一般发展的切实可行的办法。

（五）

小学教学新体系的教学论原则，是学生得到最优的一般发展的教学进程的指导原理。

新体系的五项教学论原则，是人们评论新体系时争议最多的地方，尤其是其中的"以高难度进行教学""以高速度进行教学"这两项原则，更是成了众矢之的。其实，许多争议都有一个共同的特点，这就是：脱离新体系的指导思想来谈论这五项原则。

新体系的教学论原则是新体系的有机组成部分，是为新体系的指导思想服务，同时又受它的制约。首先，赞科夫多次论述过，在新体系条件下，对于教学的难度和速度的要求，并不是主张越难越好、越快越好，更不是要拟定一种抽象的统一难度标准或单纯"赶进度"，而是要求在具体情况下能够最大限度地促进学生的一般发展。所谓"严格掌握难度的分寸"（即"适当的难度"），就是以促进或阻碍学生的一般发展为界限的。从学生发展的内在规律来说，高难度与高速度就是为了使最近发展区加速向现有发展水平转化，是为了创造有利的外部条件使学生得到最优的一般发展。

新体系的教学论原则的主旨是使学生得到最优的一般发展，仅就这一意义来说，这些教学论原则与传统教学原则是不能相提并论的，因为，传统教学原则的主旨在于使掌握知识和技巧取得成功。达尼洛夫和叶西波夫的《教学论》中说："教学原则就是按照共产主义的教育目的和学生掌握知识、技能和技巧的规律来确定的教学进程的指导原理。"（《教学论》，人民教育出版社，1980 年版，第 188 页）

其次，赞科夫在 1975 年说："不应当把我们的原则理解为似乎是背离了高质量地掌握知识和技巧这一任务。正如实验研究的大量的、多方面的事实材料所证明的那样，学生在一般发展上的成效，乃是自觉而牢固地掌握知识和技巧的可靠基础。"诚然，在赞科夫的五项原则的措辞中，从字面上看不出这一层意思，但是，我们在分析赞科夫的五项原则时，应当全面考察赞科夫本人对这些原则的解释，应当考察实际实验过程中的结果，只有这样，才能做出公正的评价。

从历史上看，教学原则并不是一成不变的。凯洛夫《教育学》中的教学原则，是借鉴过去的进步主义教育学，结合当时苏联学校的任务而制定的。它们的着眼点是保证学生掌握系统的知识和技巧。

苏联在 1950—1951 年，根据斯卡特金的建议，对教学原则开展过一次全国性的讨论，讨论的结果是采纳了一些新的原则，如理论联系实际的原则、个别对待的原则等。但是，对于完整的教学原则体系来说，增加这些新的原则，并没有改变这一原则体系的性质。

到了 20 世纪 60 年代，苏联学校面临新的任务，一些教育家纷纷提出了一些新的设想。例如，沙罗夫指出了新的教学三原则：兴趣原则，研究方法原则，教育和教学中的各方面相互联系的原则（《国民教育》1963 年第 1 期，第 43—50 页）。波马巴伊巴在评论赞科夫的五项原则的同时，提出了九项原则：共产主义思想性原则，教学与生活联系的原则，自觉学习的原则，教学的直观性原则，教学的活动的原则，教学的系统性原则，教学的可接受性和个别化原则，教学的巩固性原则，教学的激情和兴趣原则。同时，他还对每一项原则分别提出了 8—12 项细则（《国民教育》1963 年第 8 期，第 43—46 页）。在这一时期谈论教学原则的所有文章，都有一个共同的特点，这就是主张或强调在教学过程中应把学生作为学习的主体来对待，所以，普遍要求改进教学原则体系，使它不仅作为掌握知识的指导原理，而且能在促进学生发展方面起一定作用。上面列举的九项原则就是一个明显的例子。

赞科夫认为，新体系的五项原则，作为一个完整的原则体系来说，既是在学生的一般发展上下功夫的指导原理，也起着指导学生系统地掌握知识和技巧的作用。这是有实验的结果作为证明的（参阅《教学与发展》一书的第三编）。

在 20 世纪 70 年代，苏联新出版的几本《教育学》教科书，基本上都保留了凯洛夫《教育学》中的教学原则体系。但是，值得注意的是，这些新书对各项教学原则的论述，愈来愈多地吸收了新体系的五项原则的基本精神。1979 年出版的哈尔拉莫夫的《教育学》一书，提了七项教学原则：教学应当是直观的，教学应当是自觉的和积极的，教学应当是系统的和循序的，教学应当是可接受的，教学应当是巩固的，教学应当是发展性的和教育性的，教学应当在最优的水平上进行。作者在论述这些原则时，几乎吸收了赞科夫的五项原则的全部内容。这样的教学原则体系，已经突破了传统原则体系的框框，这些原则已经不单单是掌握知识和技巧的指导原理，而且渗透了教学促发展的指导思想。

（六）

小学教学新体系在教学论的研究对象和方法、小学教学的性质和任务，以及研究小学教学的结构、在教学过程中研究学生的一般发展、教学与发展的辩证关系等方面，提出了一系列创造性见解，这是无可否认的事实。当然，它也不是完美无缺的，新体系作为小学教学论，在某些方面，例如在教学过程和教学方法的阐述方面，侧重于具体举例而较少进行系统的阐述。

小学教学新体系在苏联的遭遇，和它在国外所获得的反应相比，很像是"墙内开花墙外香"，其实，这只是一时的遭遇。从 1964 年至 1966 年的被否定，到 1966 年至 1970 年的被承认，新体系经历了一段曲折的时期，但是从 20 世纪 70 年代开始，终于进入了被认真采纳或吸取的时期。这种曲折是难免的，在教育思想发展史上不乏先例。

小学教学新体系介绍到我国的时间，比介绍到别的国家的时间晚了十几年，目前我国教育界对它的了解还不充分，研究还很不深入。可是，我国的中小学教学工作，过去受苏联传统的教学论思想的影响较大，现在还很少研究教学与发展的关系，所以，我国比别的国家更有必要比较深入地了解与研究赞科夫的教学论思想，以取其精华，去其不足，为我所用。

* * *

译者在翻译《论小学教学》的过程中，承胡克英同志、杜殿坤同志和王学文同志帮助指导，在此谨致谢意。

出 版 人　李　东
责任编辑　薛　莉
版式设计　郝晓红
责任校对　贾静芳
责任印制　叶小峰

图书在版编目（CIP）数据

论小学教学/（苏）赞科夫著；俞翔辉译. —3 版
. —北京：教育科学出版社，2019.9
（世界教育思想文库）
ISBN 978 - 7 - 5191 - 1980 - 5

Ⅰ . ①论…　 Ⅱ . ①赞…②俞　 Ⅲ . ①小学-教学研
究　 Ⅳ . ①G622.0

中国版本图书馆 CIP 数据核字（2019）第 196289 号

北京市版权局著作权合同登记　图字：01-2009-1255

世界教育思想文库
论小学教学
LUN XIAOXUE JIAOXUE

出版发行	教育科学出版社				
社　　址	北京·朝阳区安慧北里安园甲 9 号	市场部电话	010-64989009
邮　　编	100101	编辑部电话	010-64981280
传　　真	010-64891796	网　　址	http://www.esph.com.cn
经　　销	各地新华书店		
制　　作	北京大有艺彩图文设计有限公司		
印　　刷	保定市中画美凯印刷有限公司		
开　　本	720 毫米×1020 毫米　1/16	版　　次	2019 年 9 月第 3 版
印　　张	10.75	印　　次	2019 年 9 月第 1 次印刷
字　　数	142 千	定　　价	39.00 元

О начальном обучении

By Занкова Леонида Владимировича